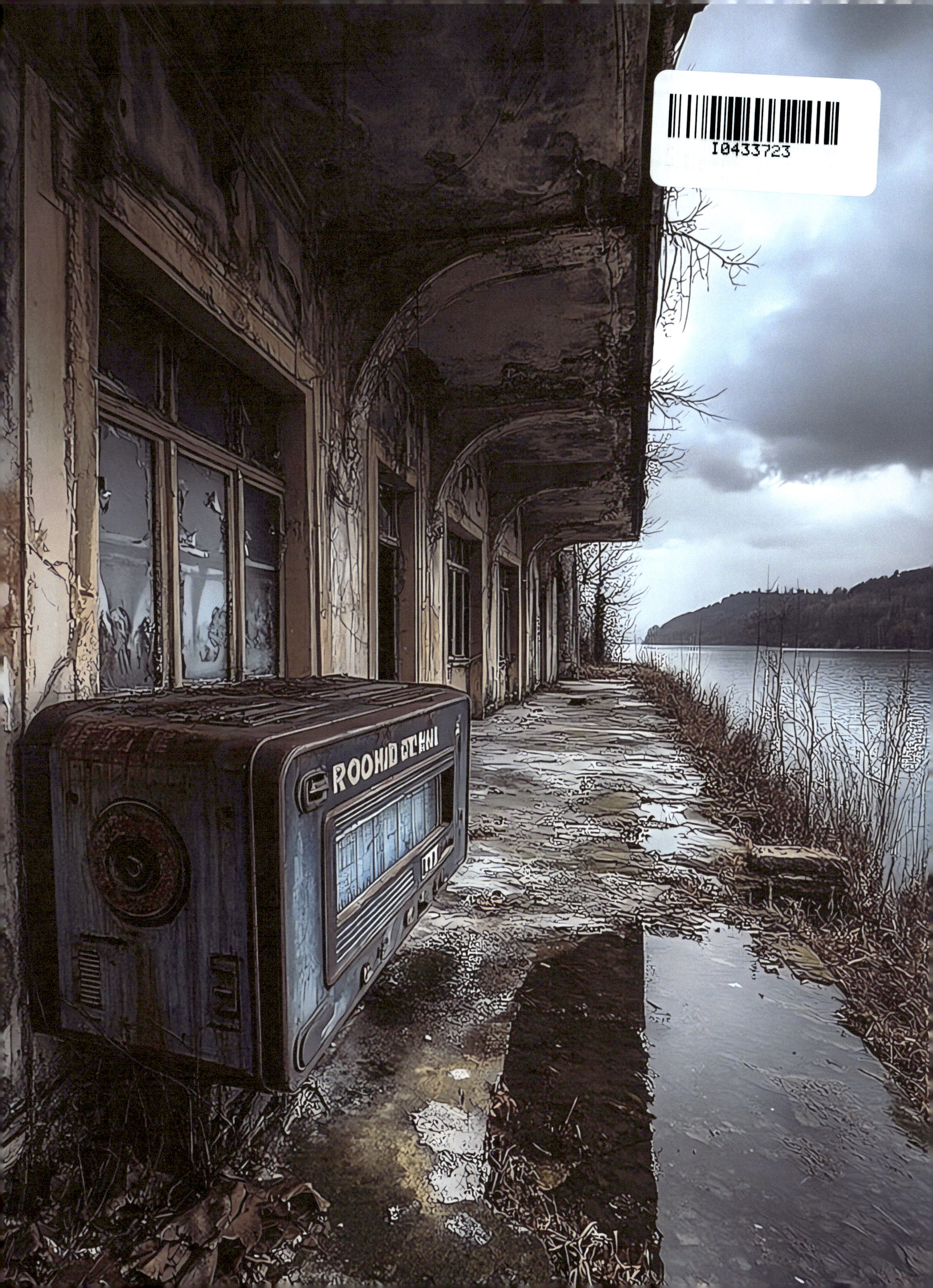

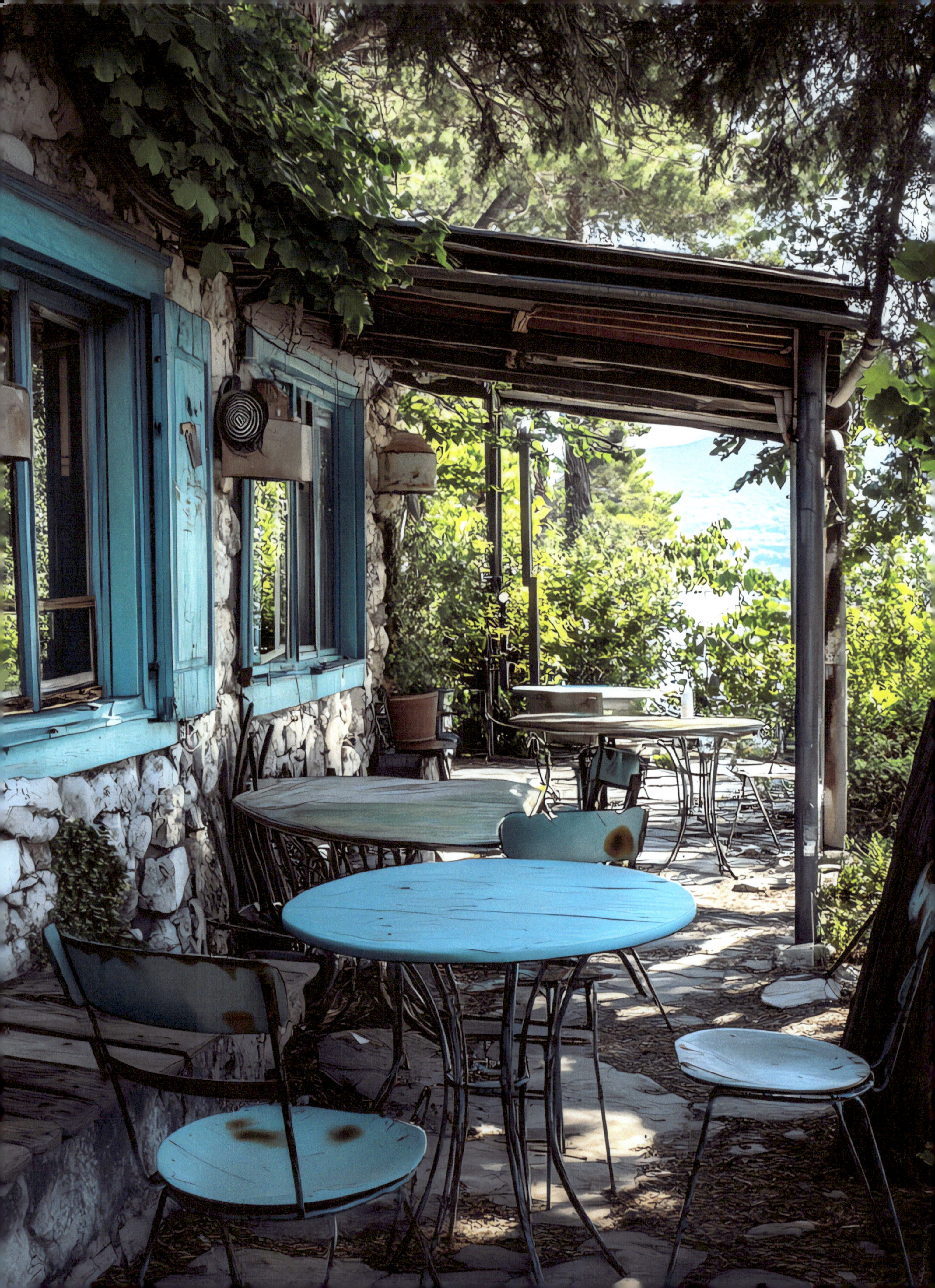

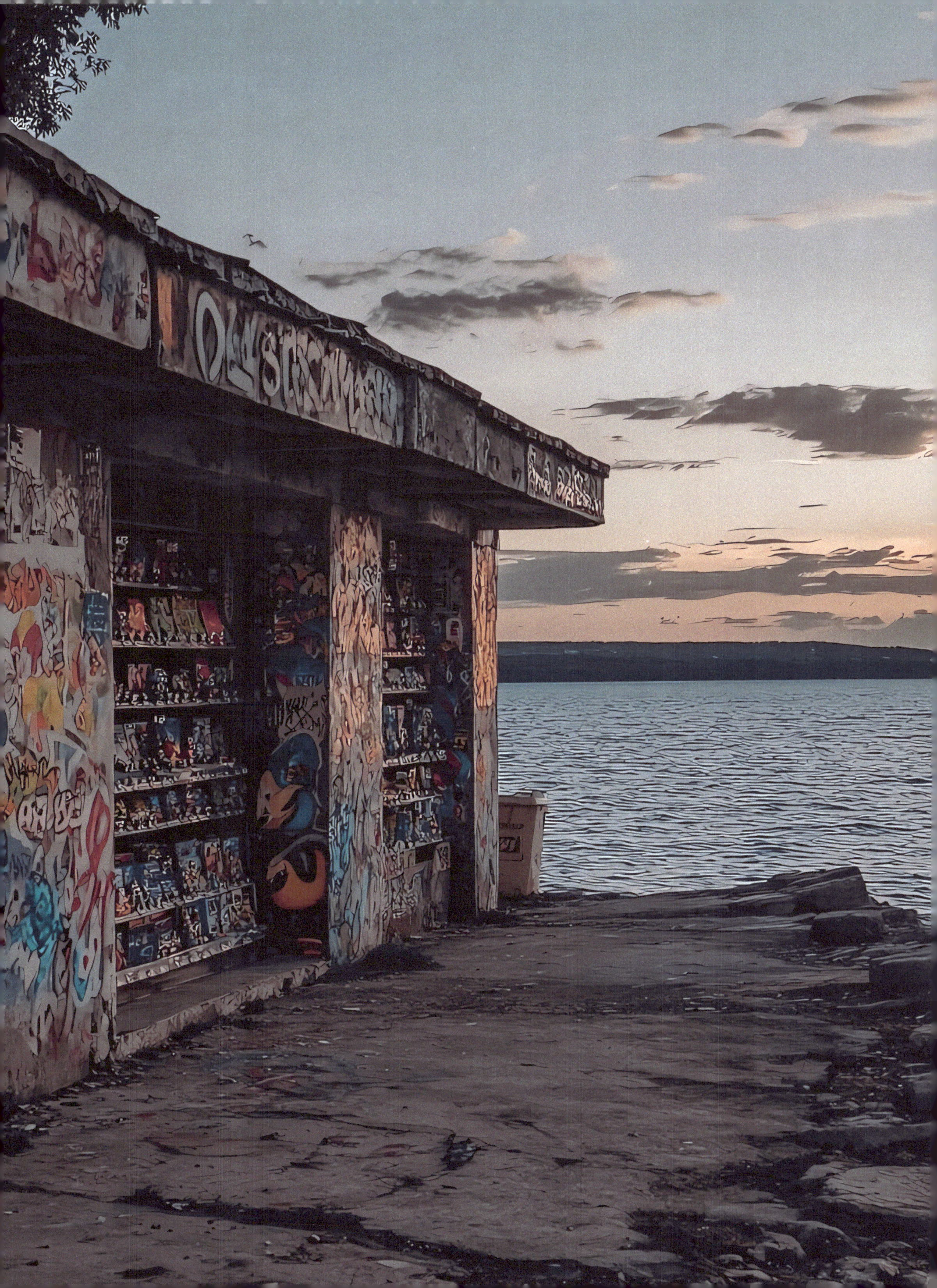

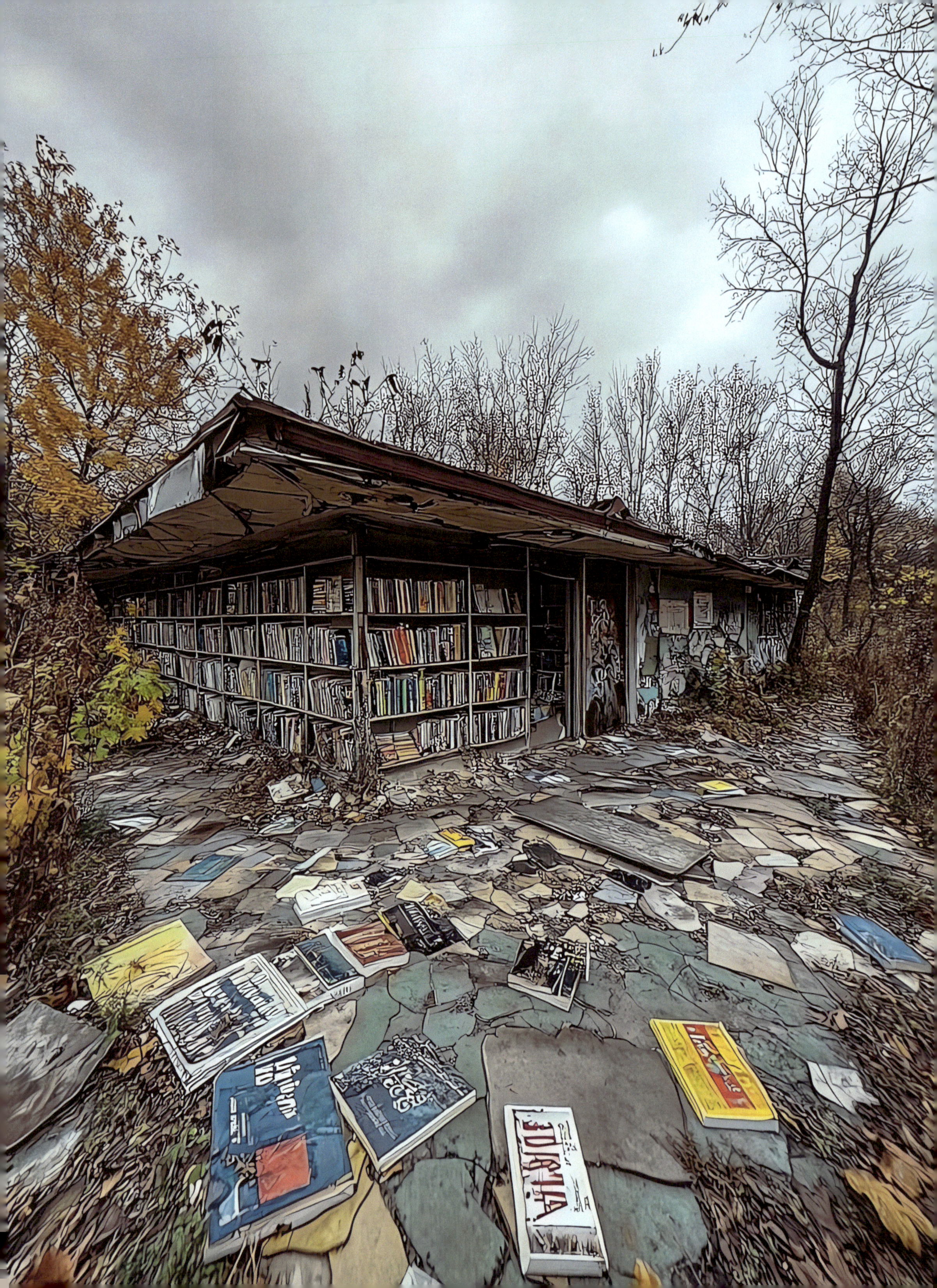

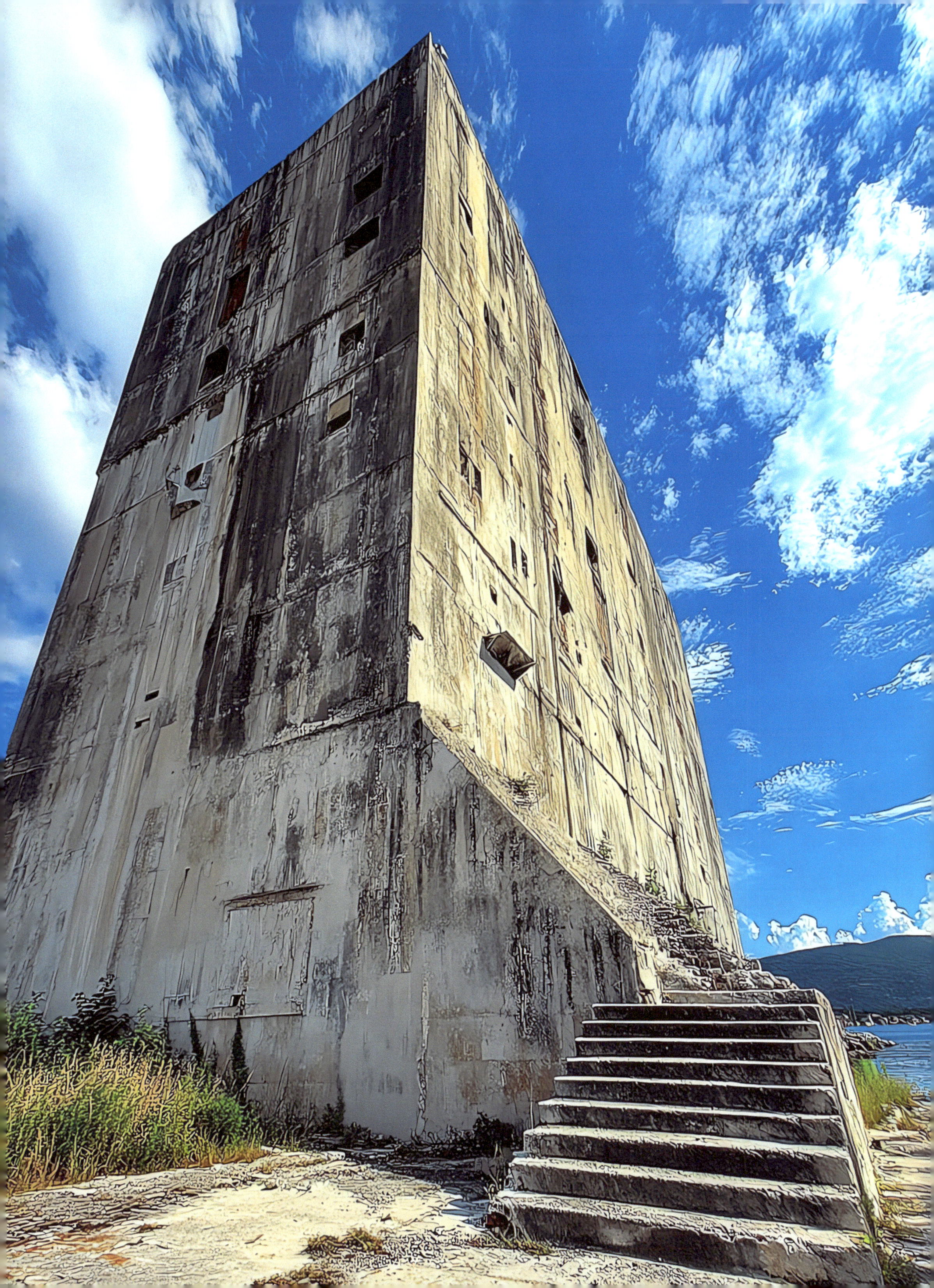

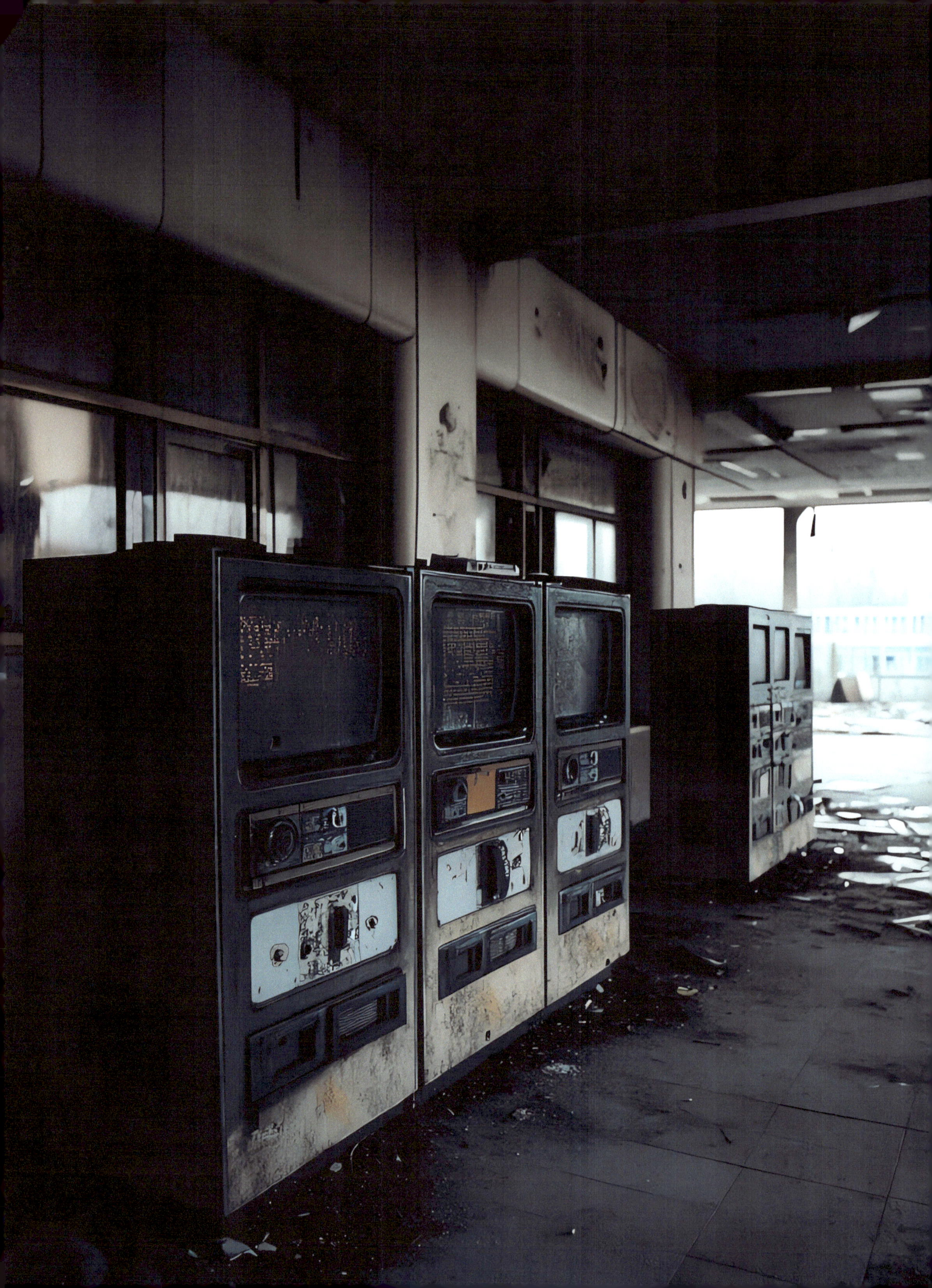

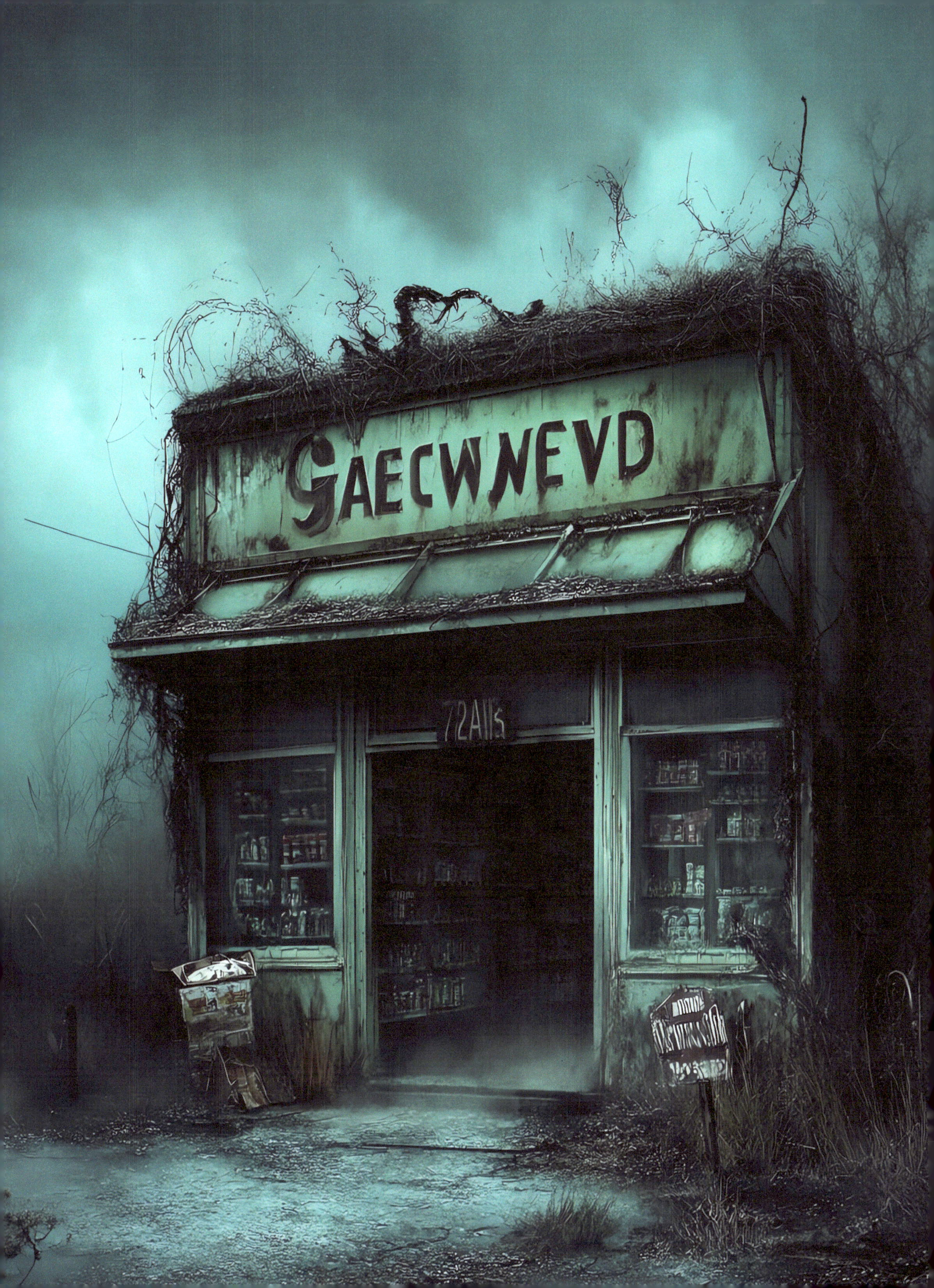
GAECWNEVD

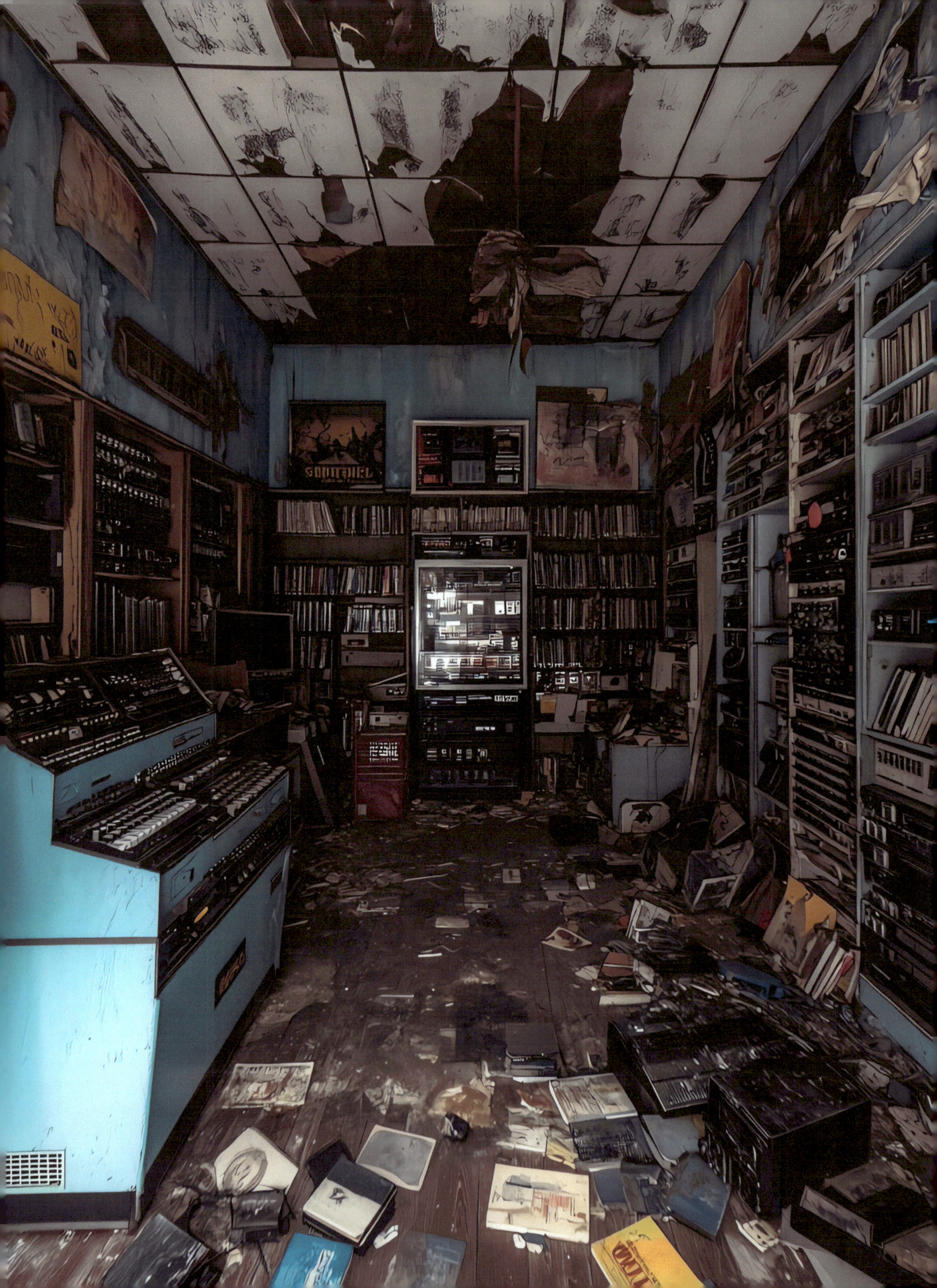

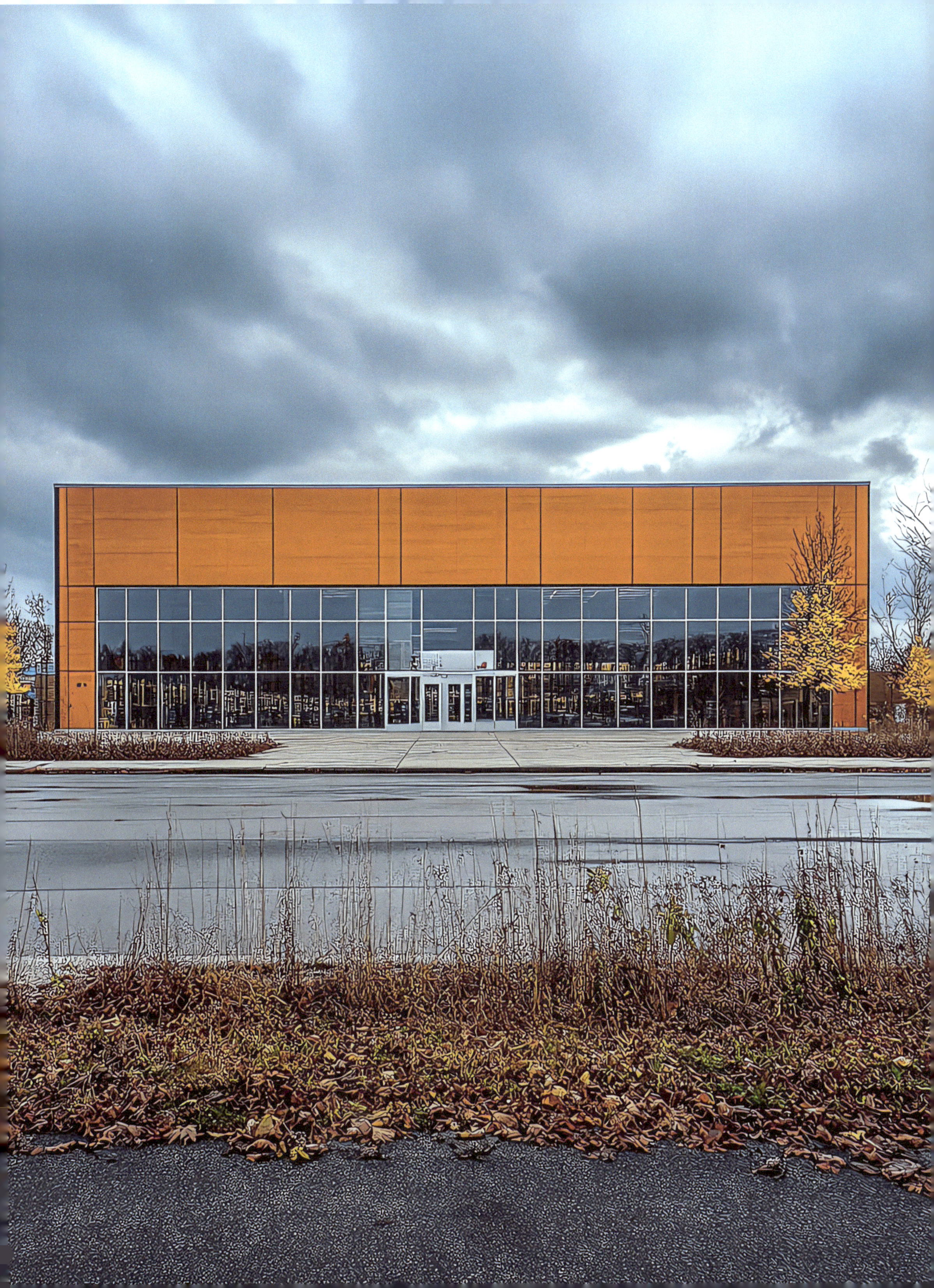

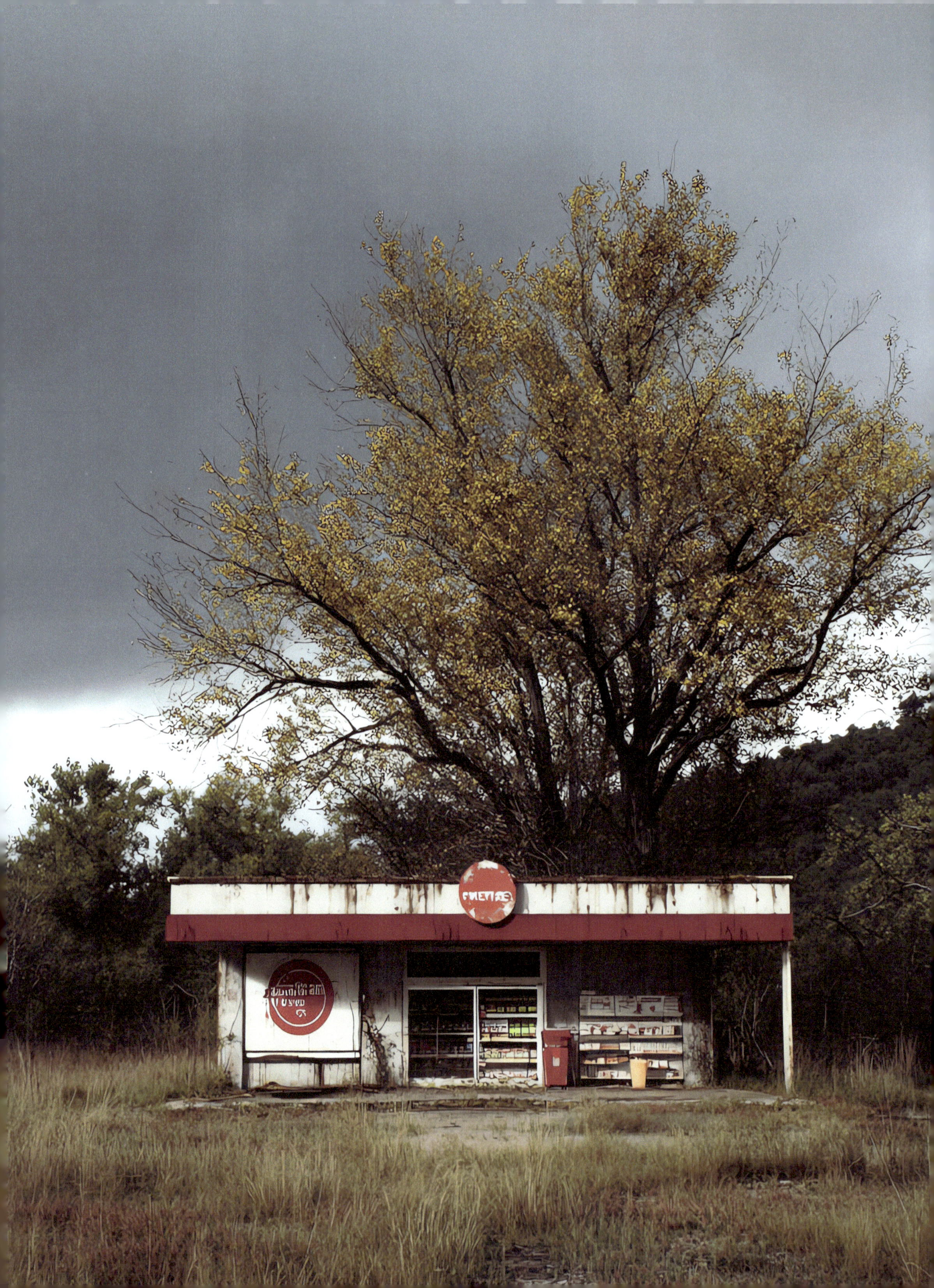

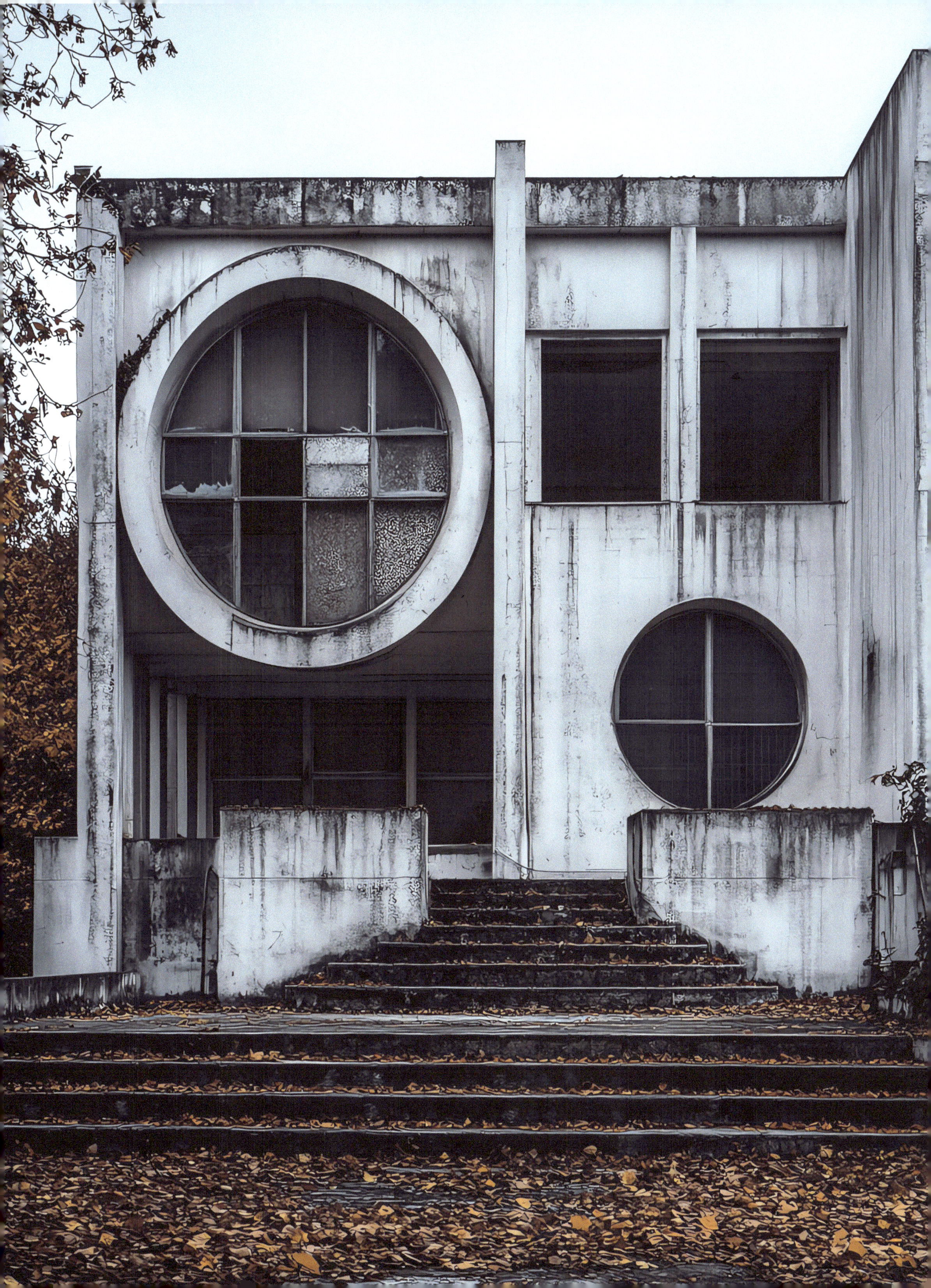

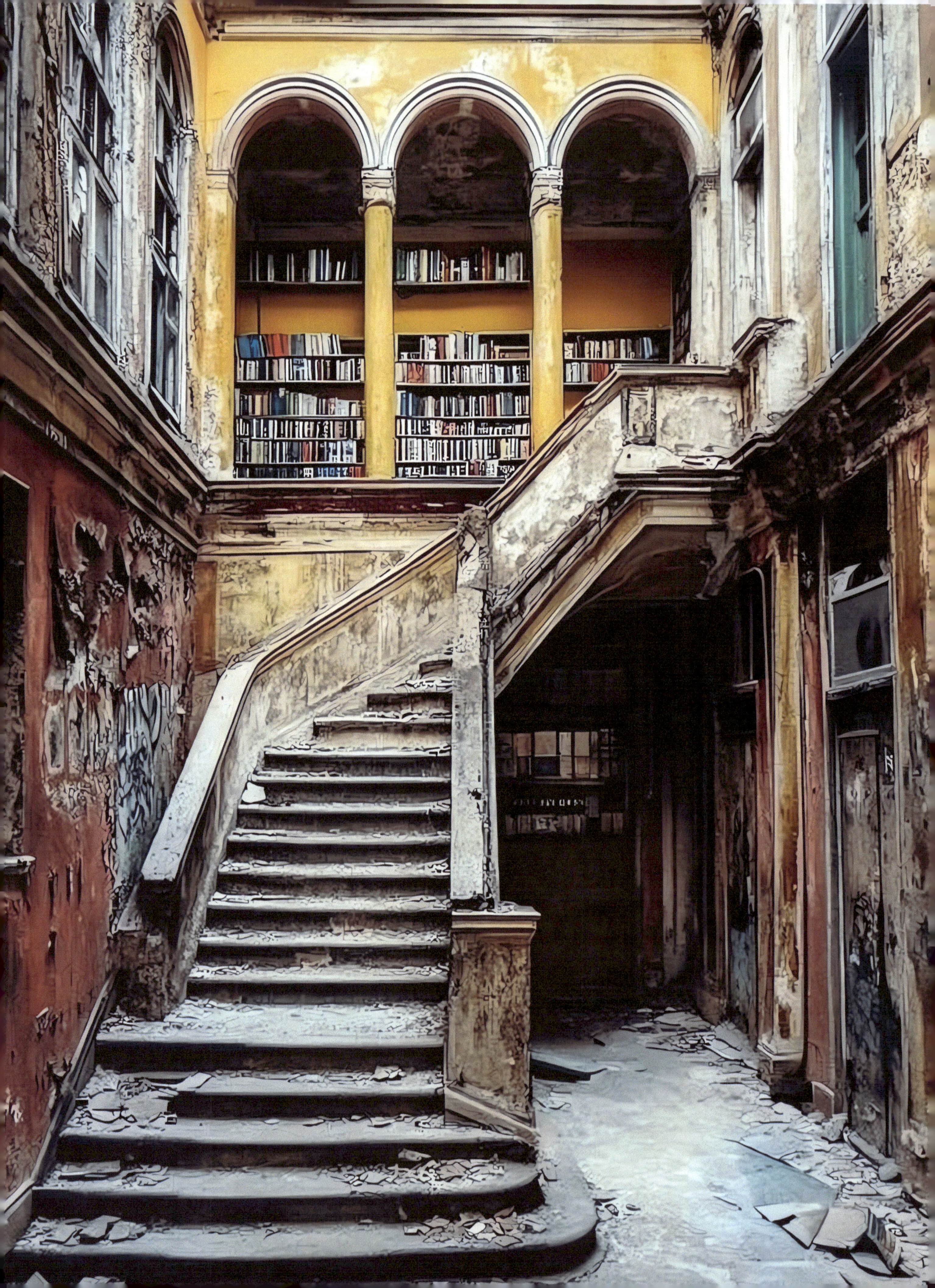

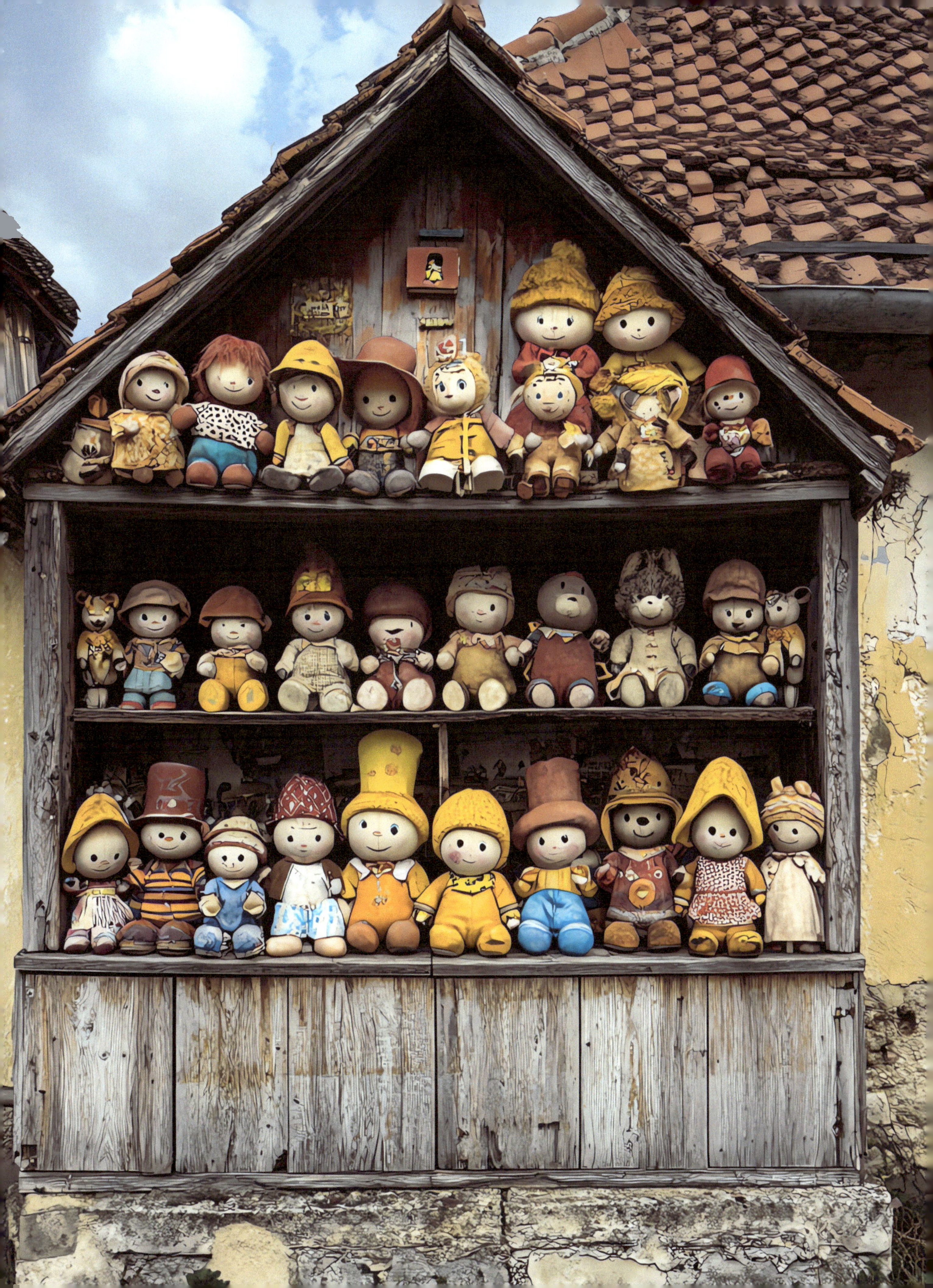

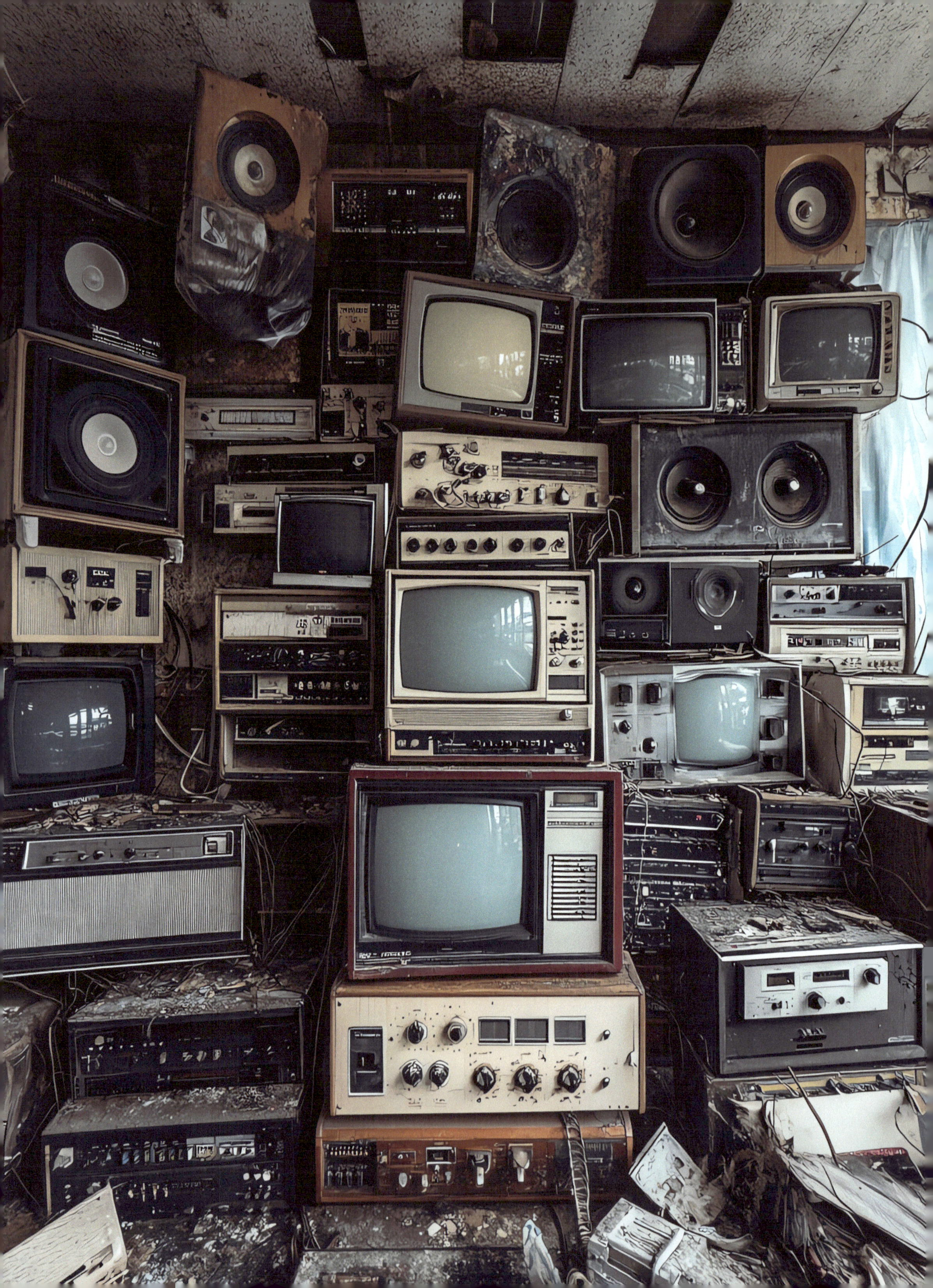

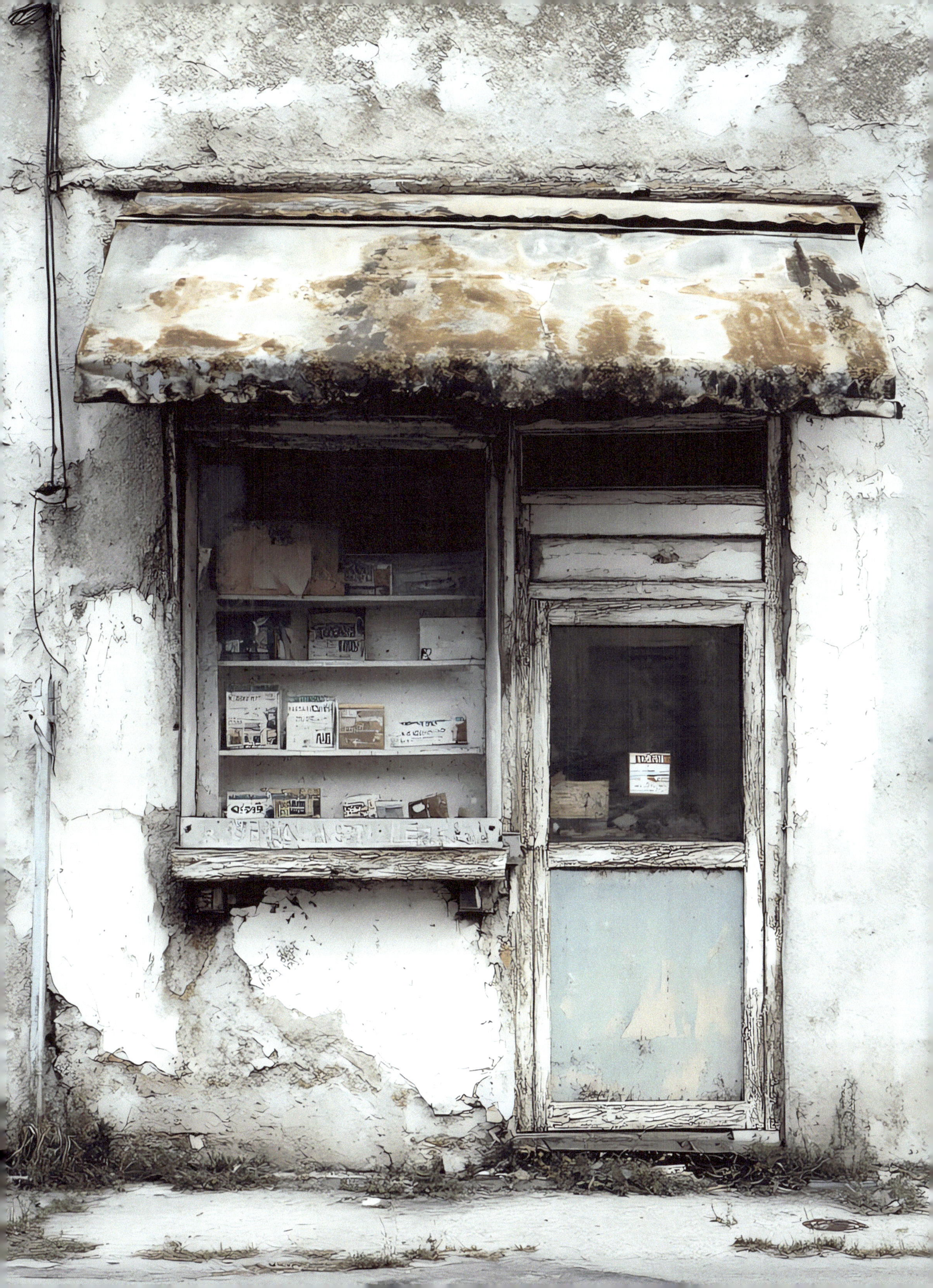

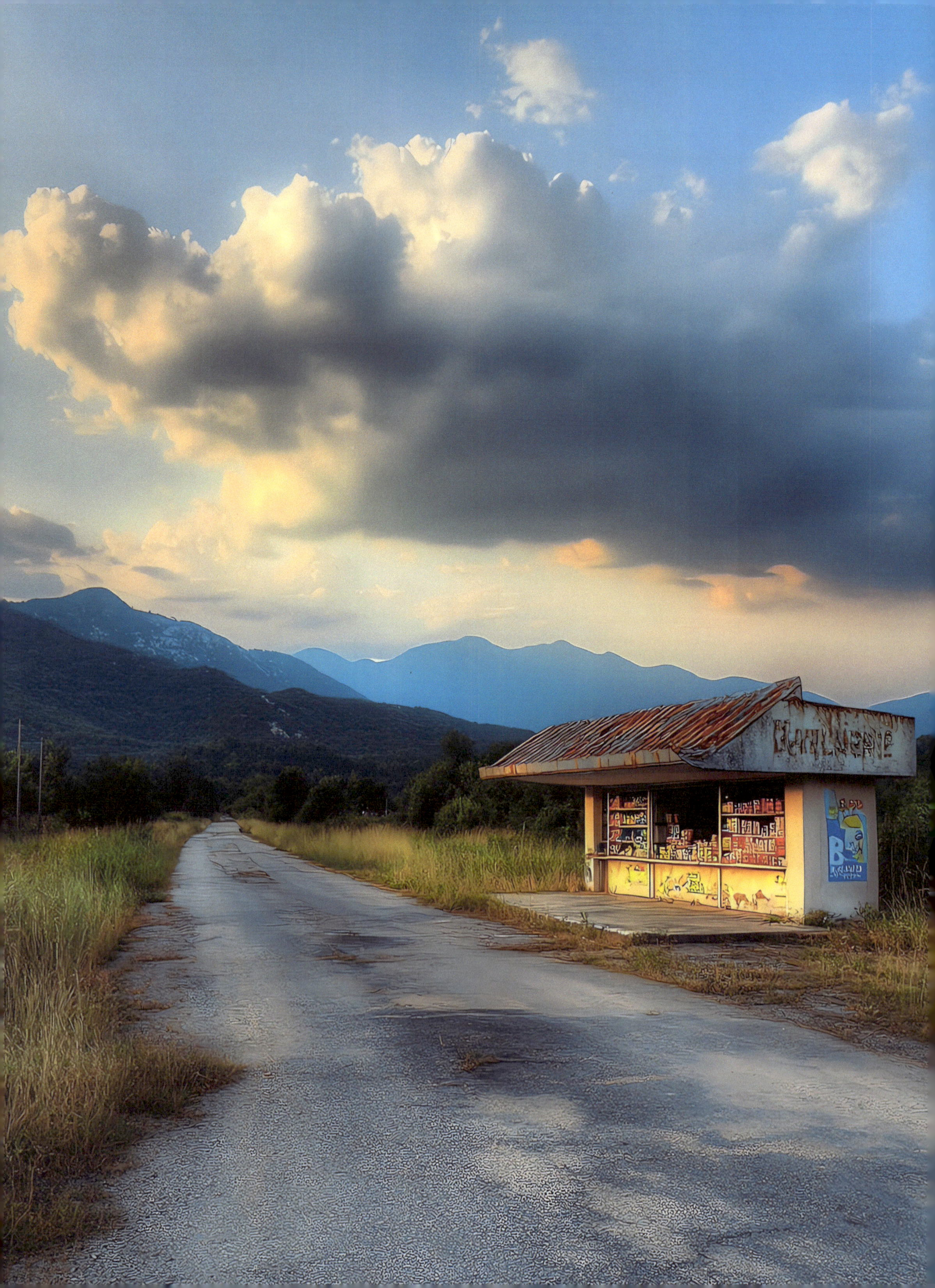

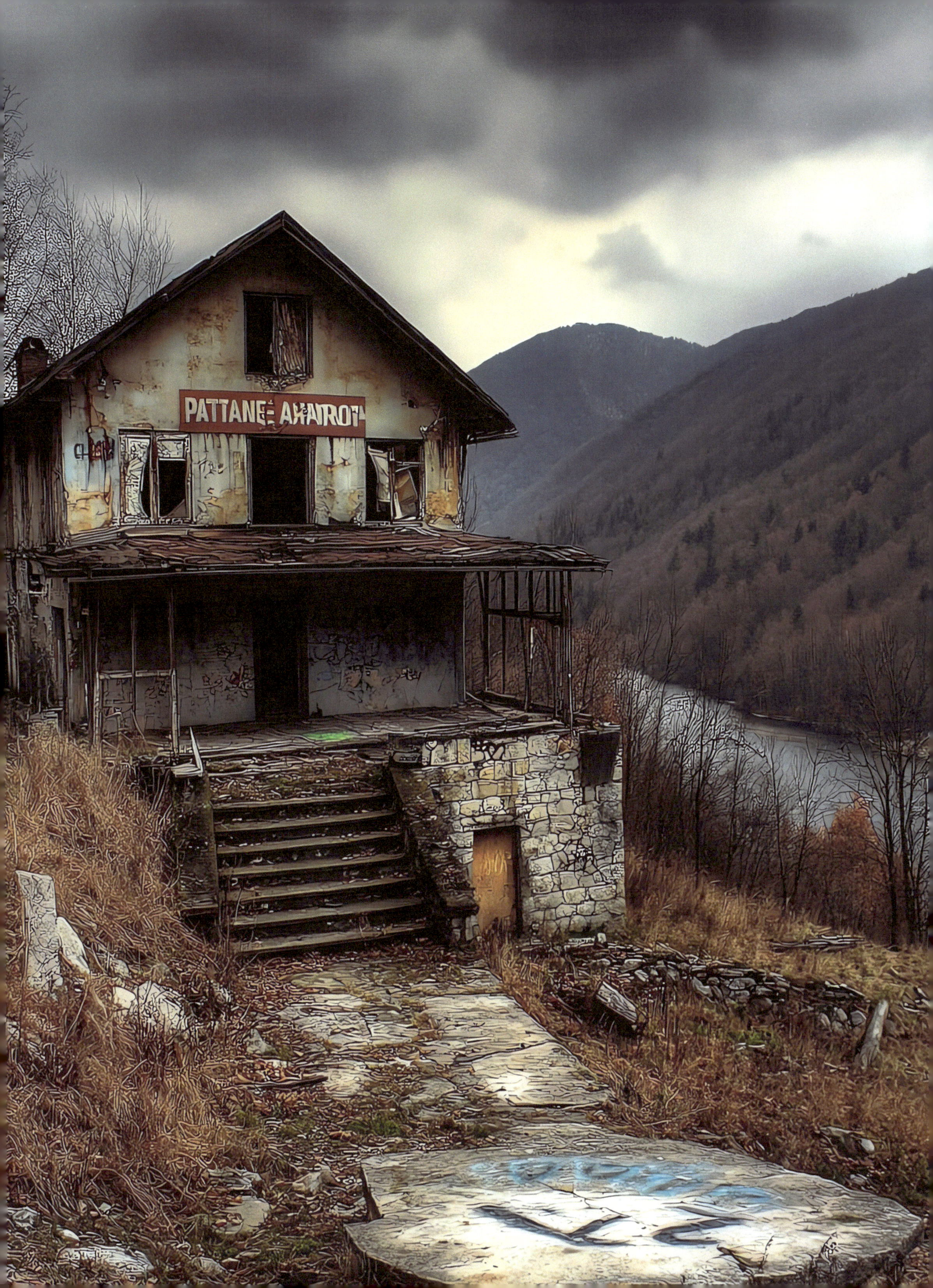
PATTANE

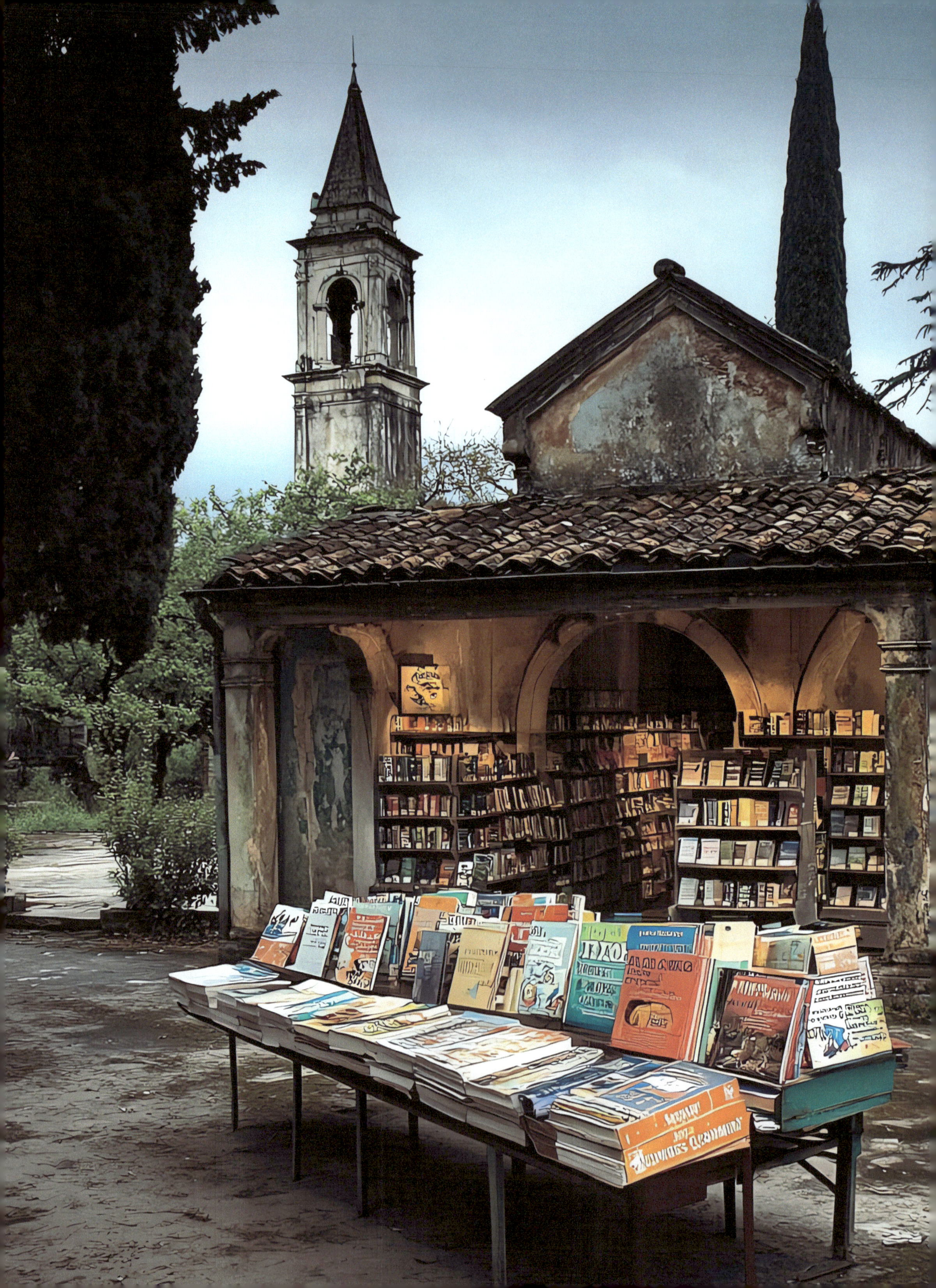

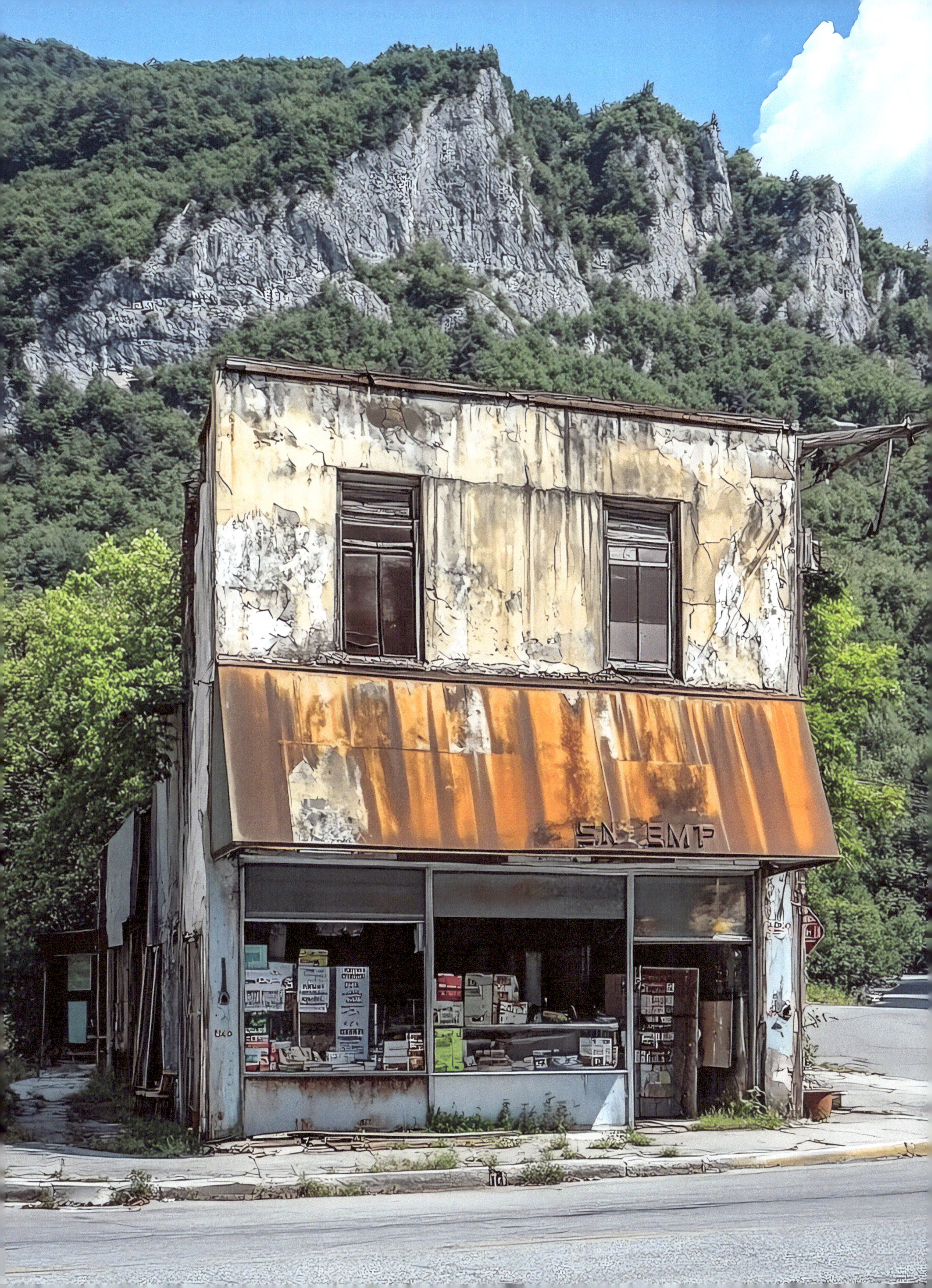

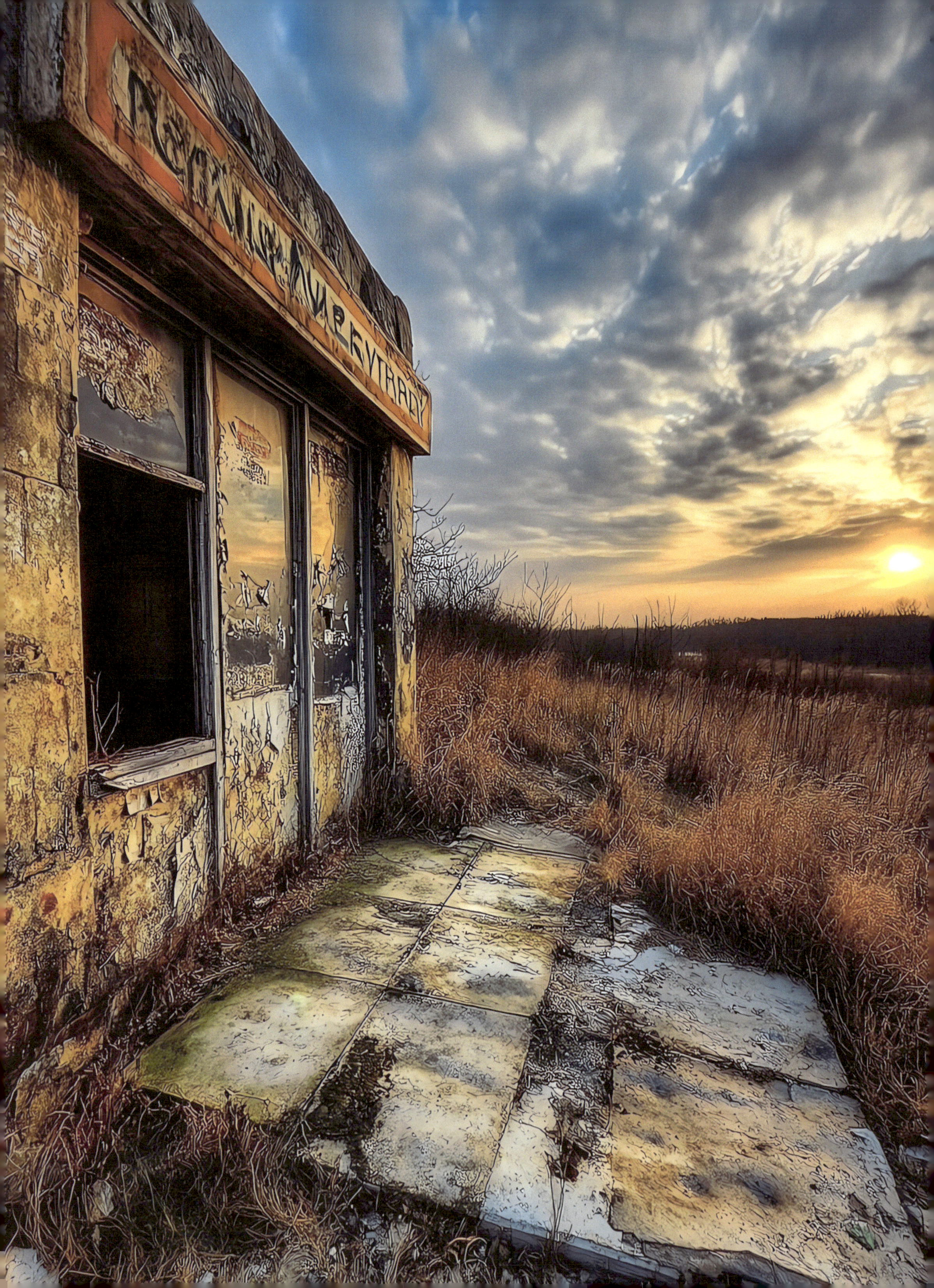

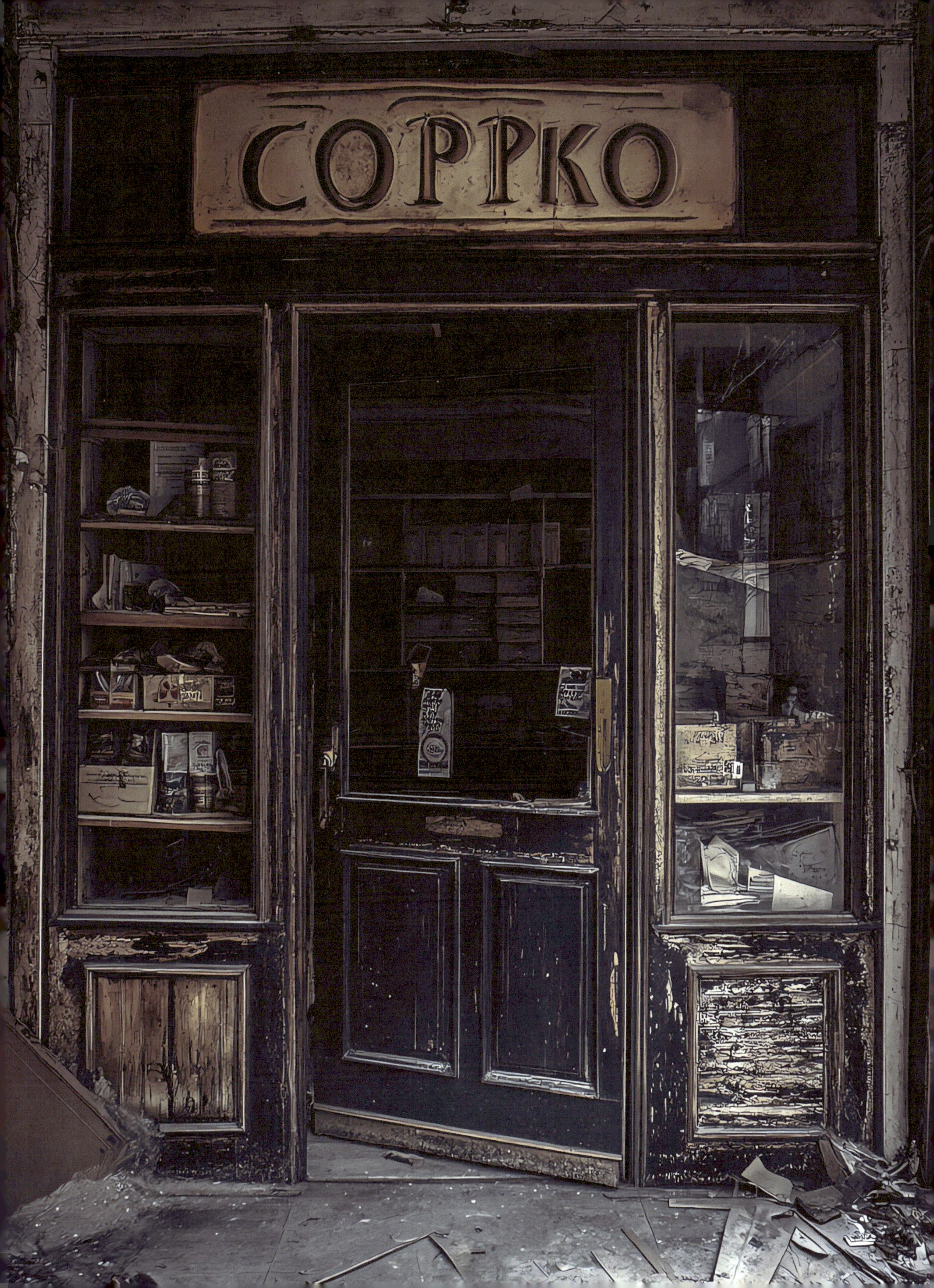
COPPKO

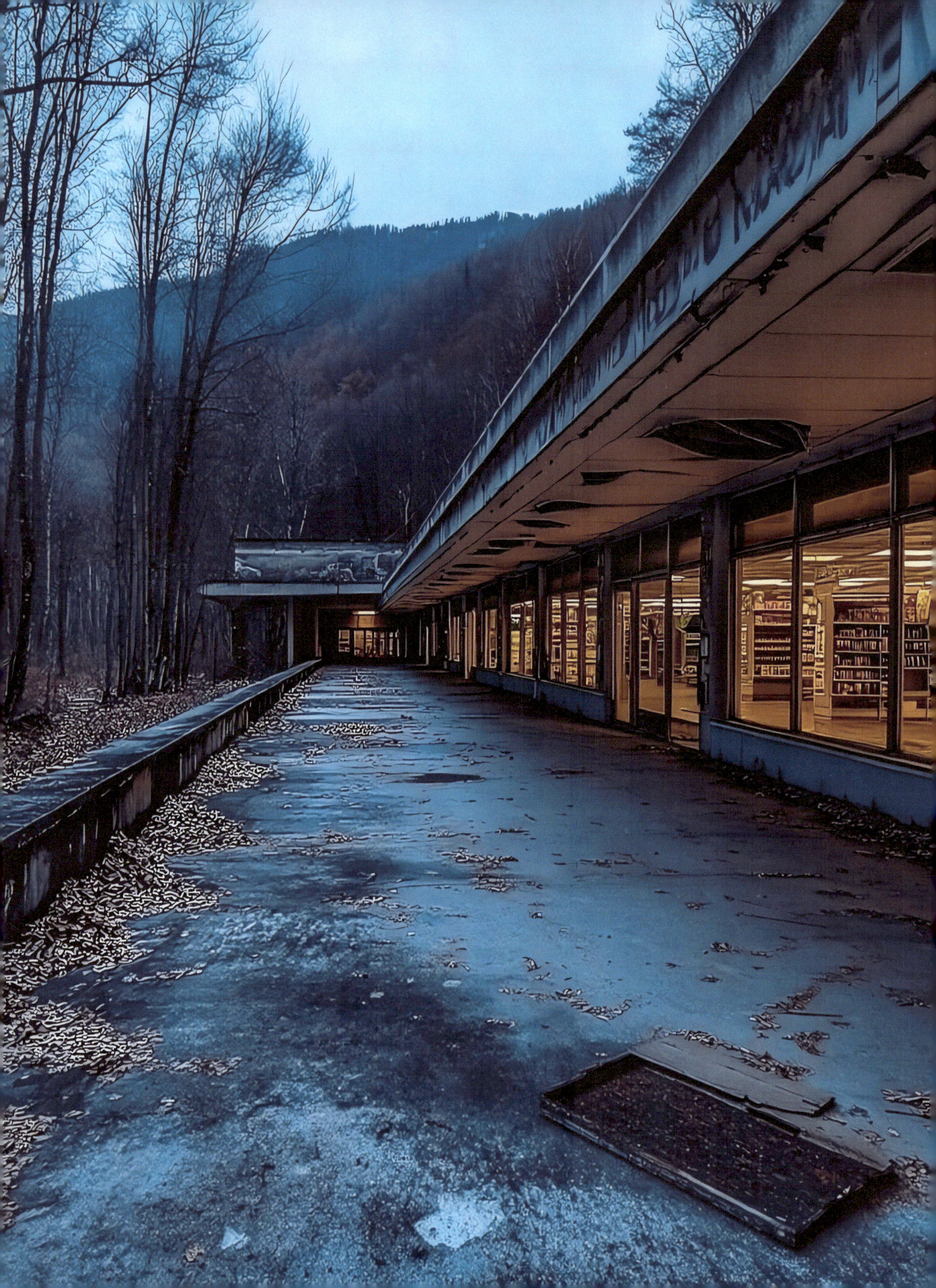

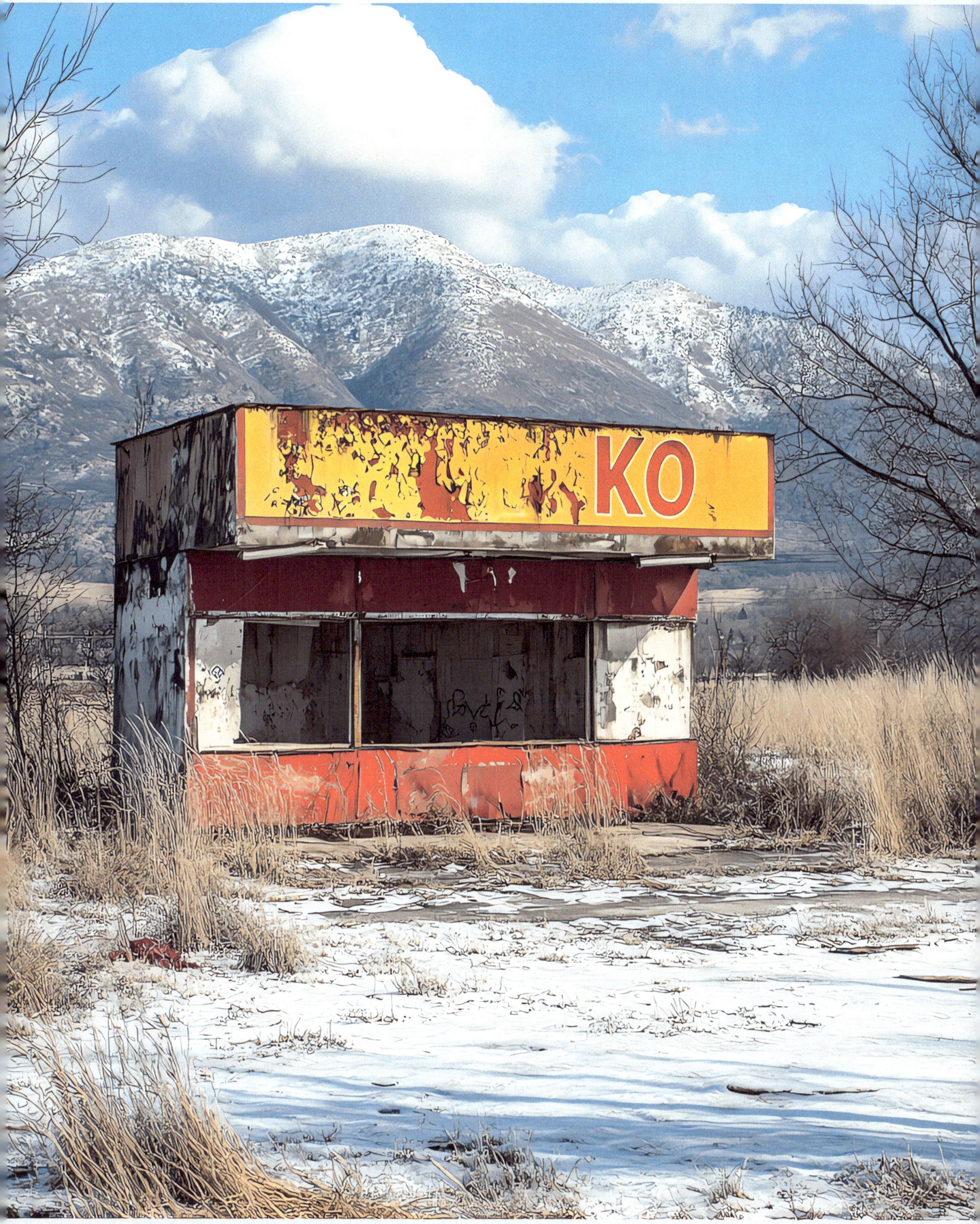
KO

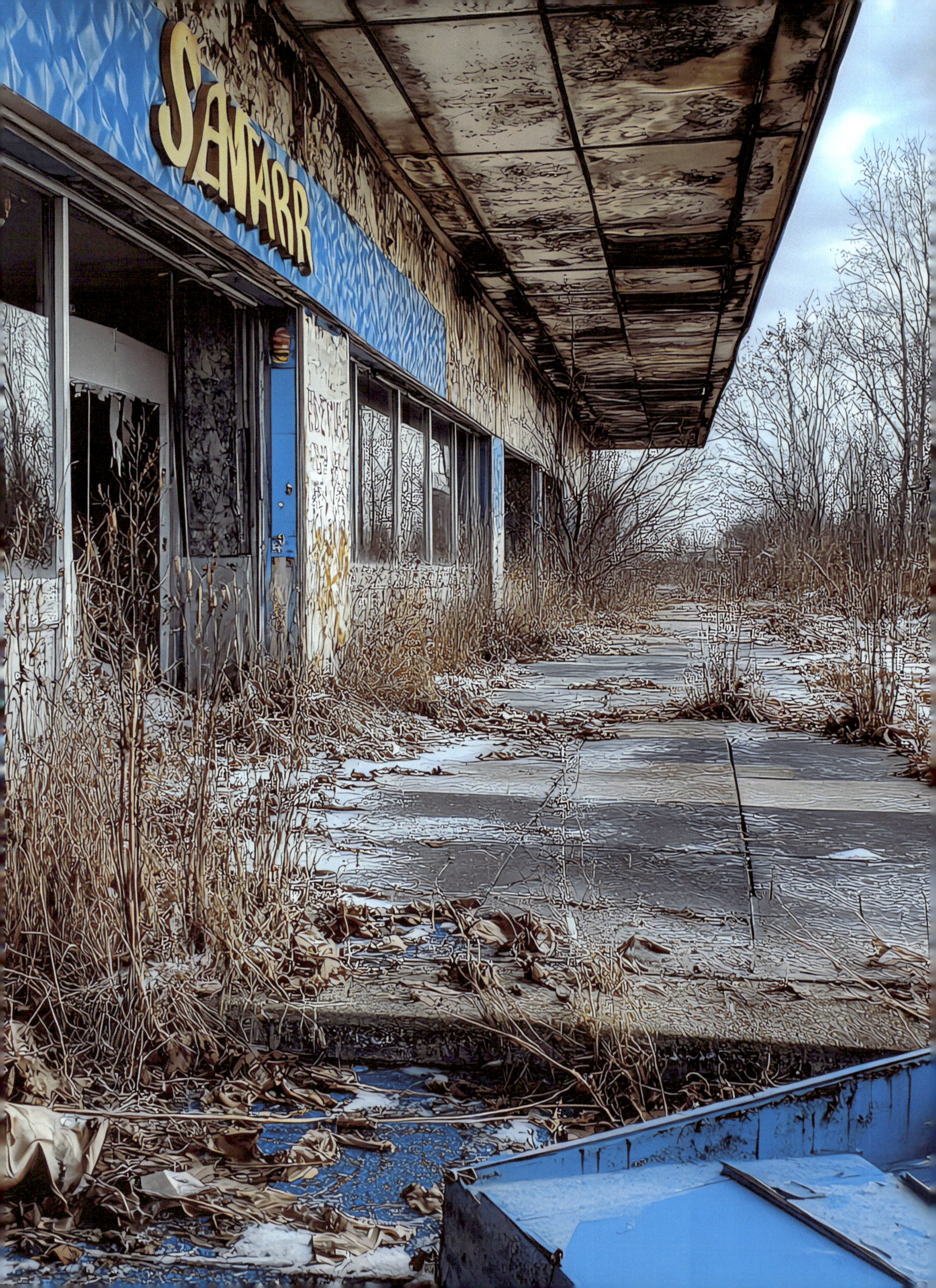

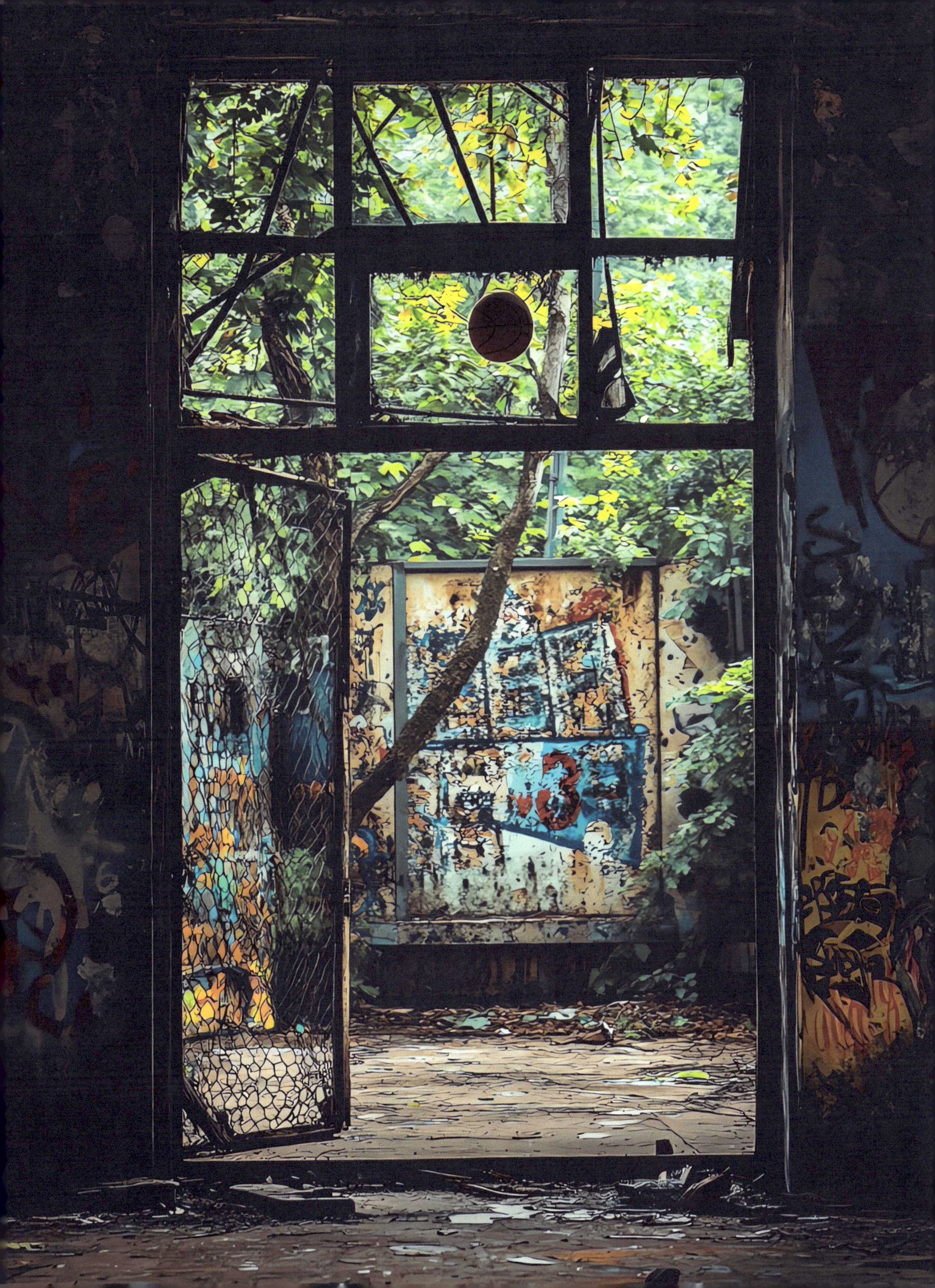
3

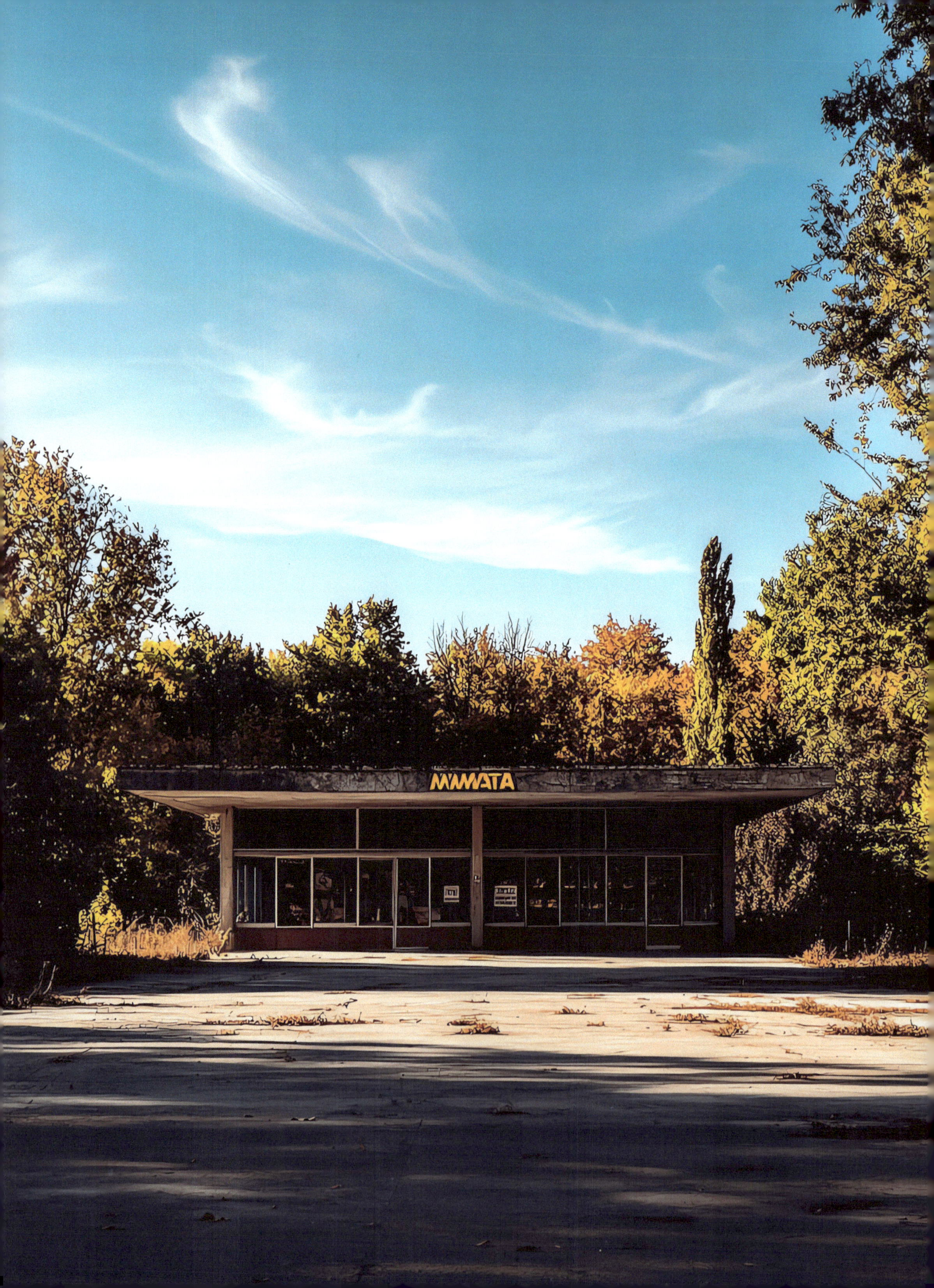

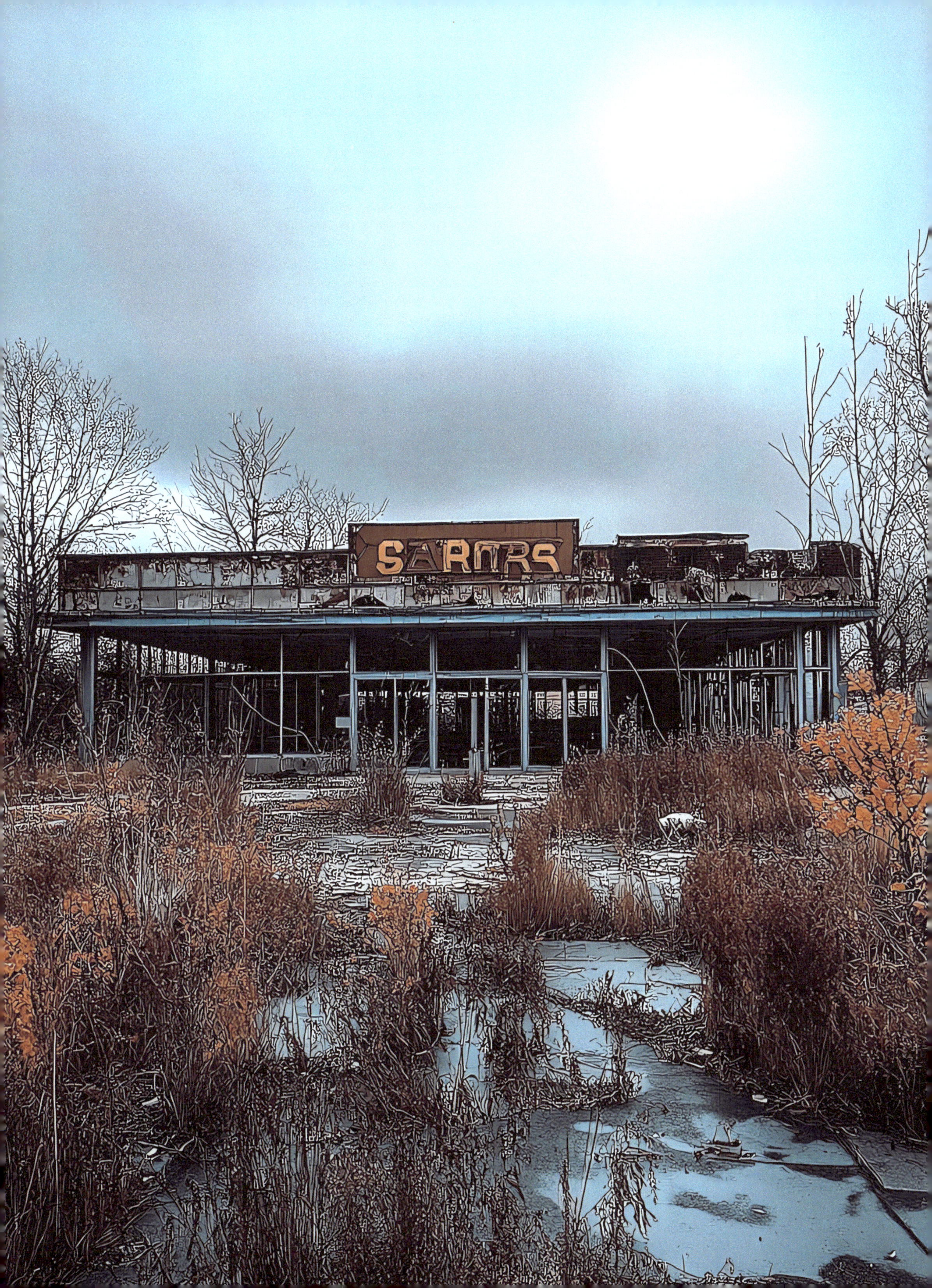

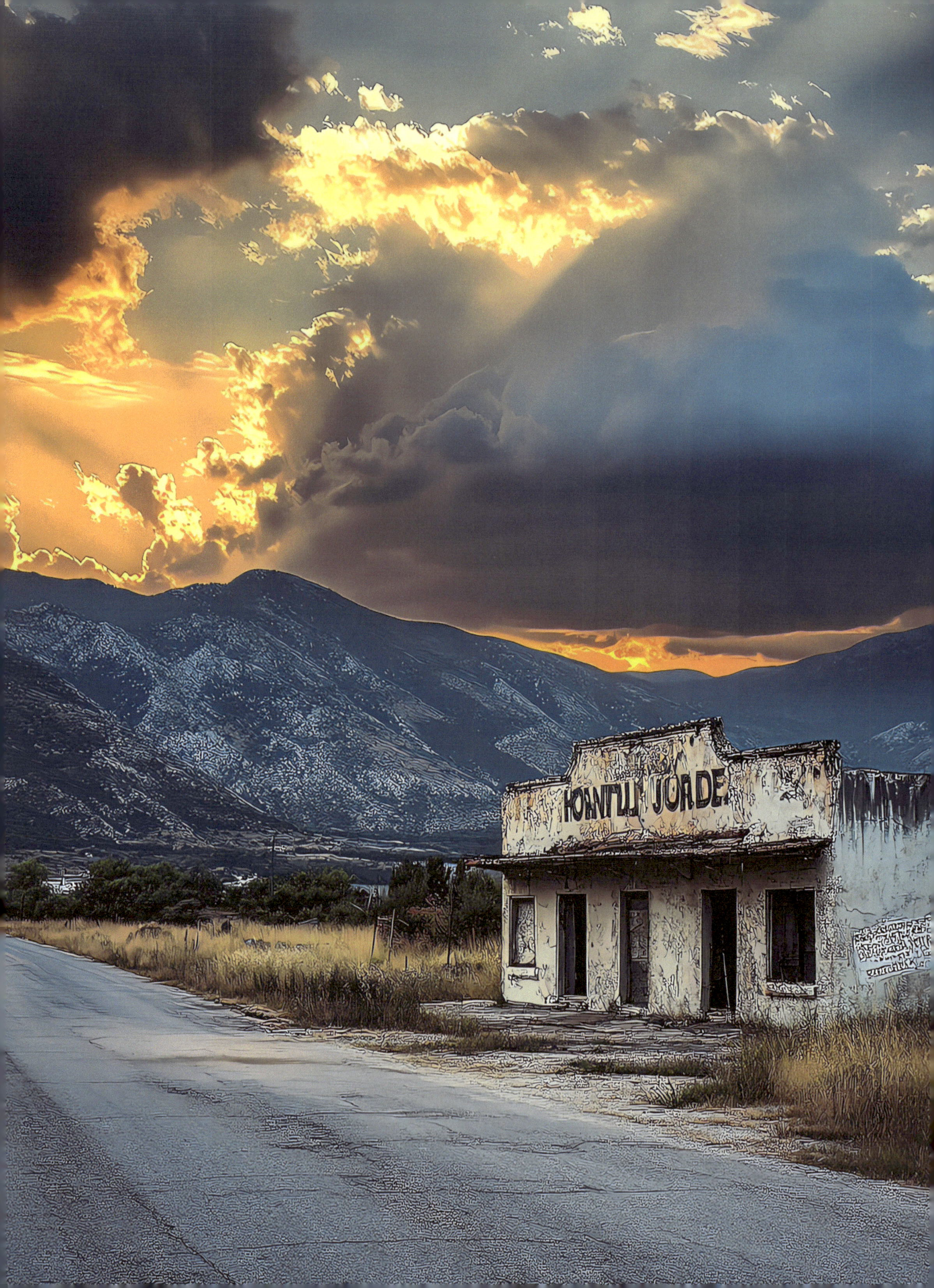

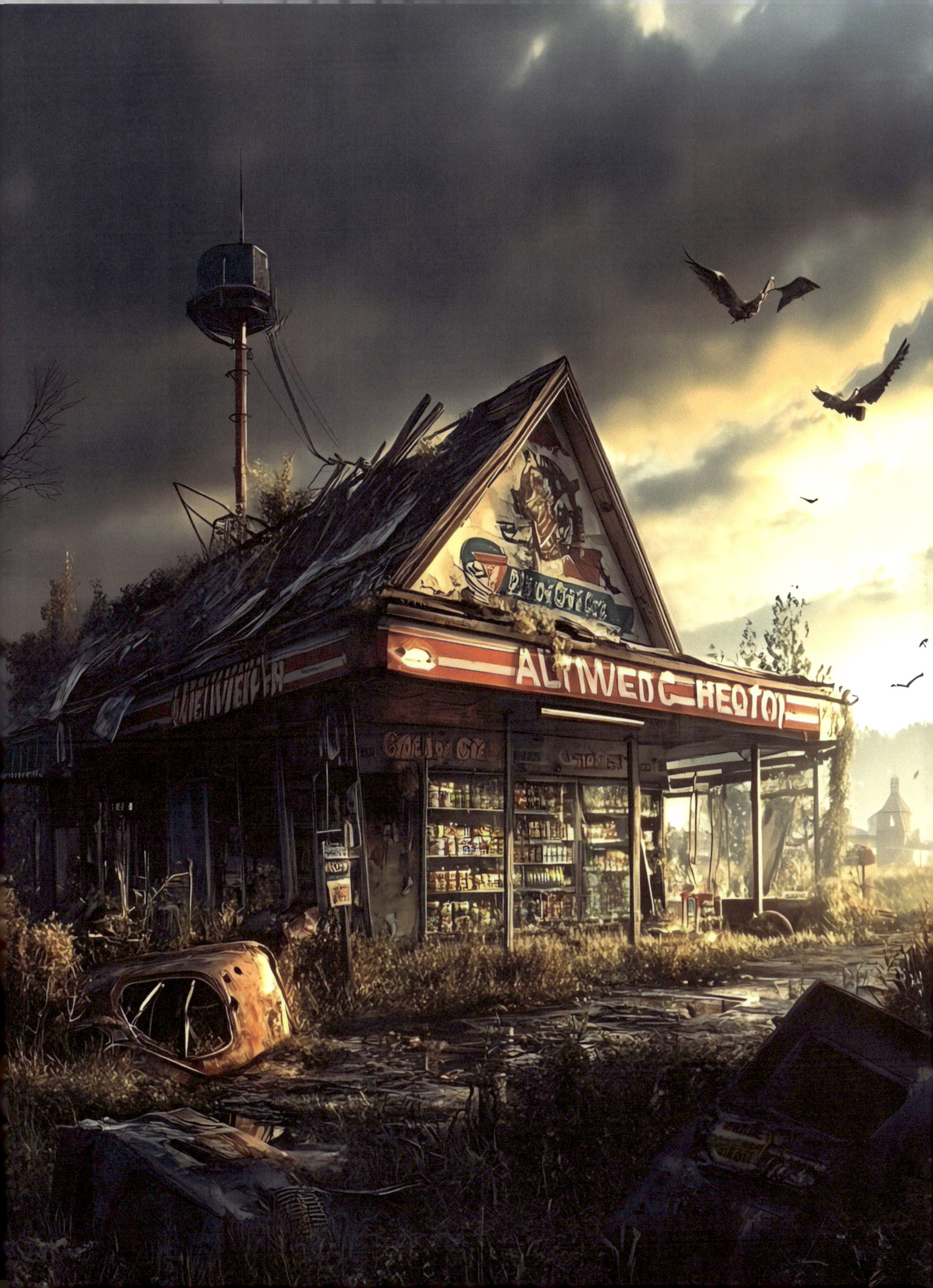

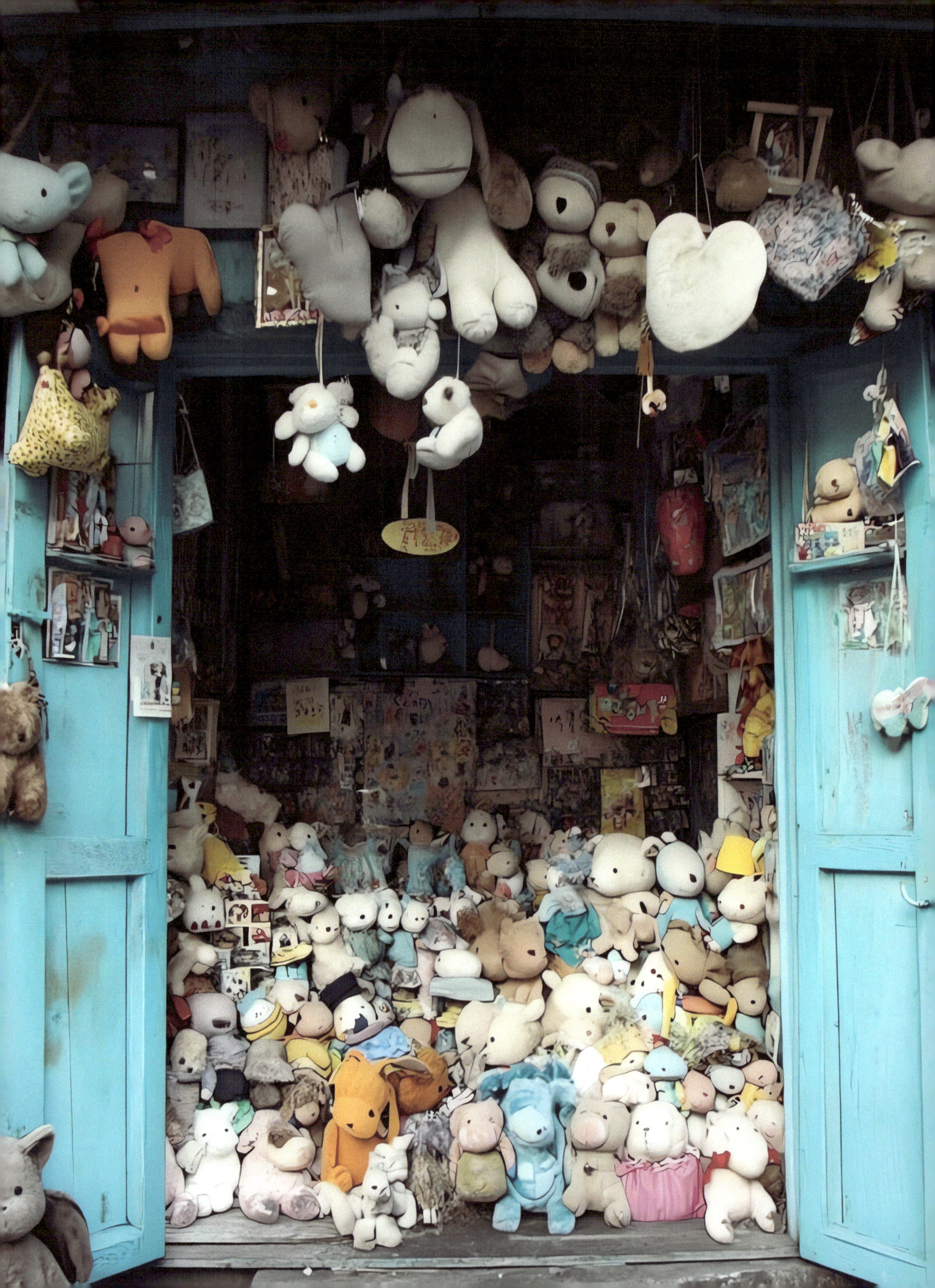

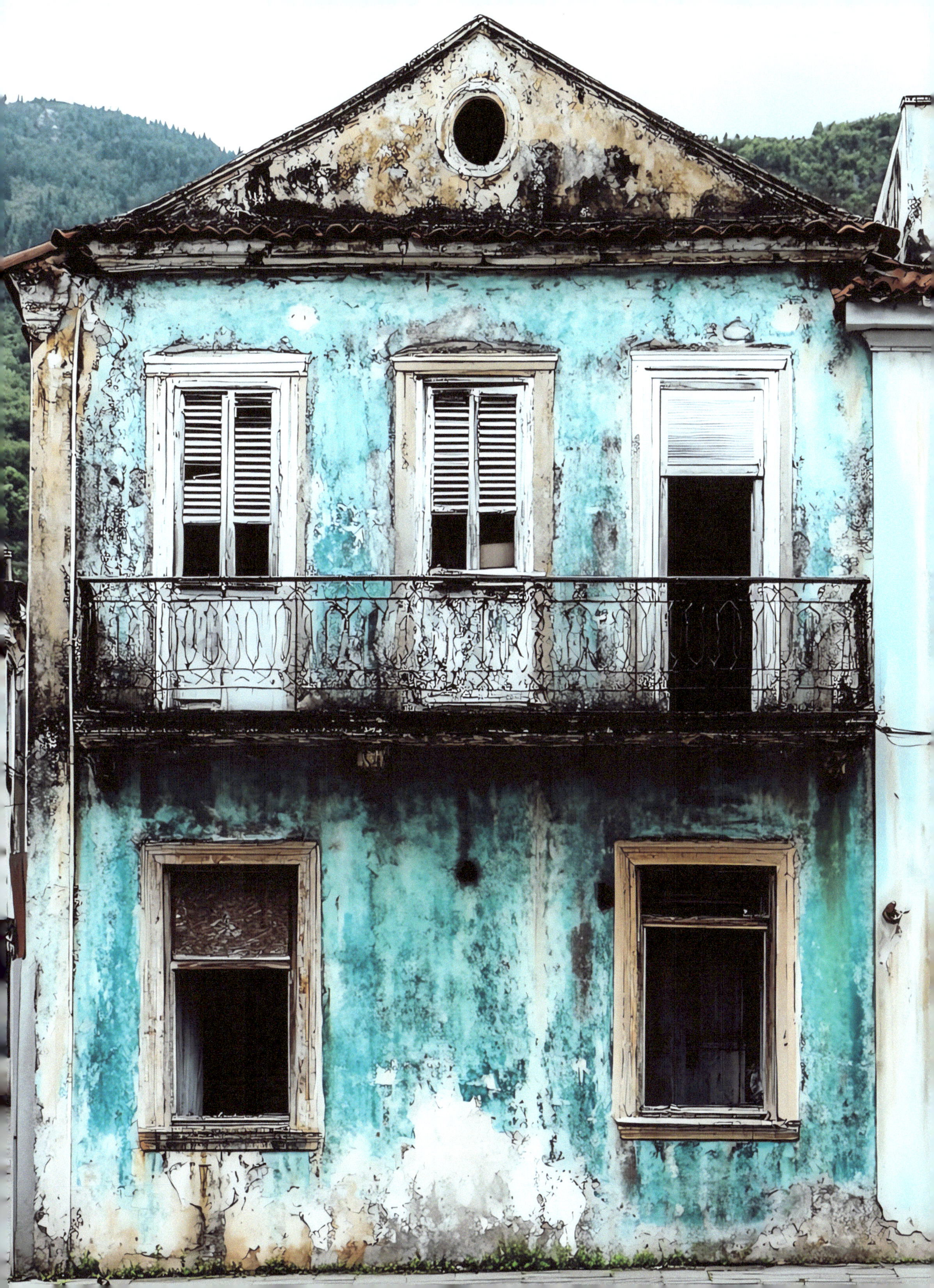

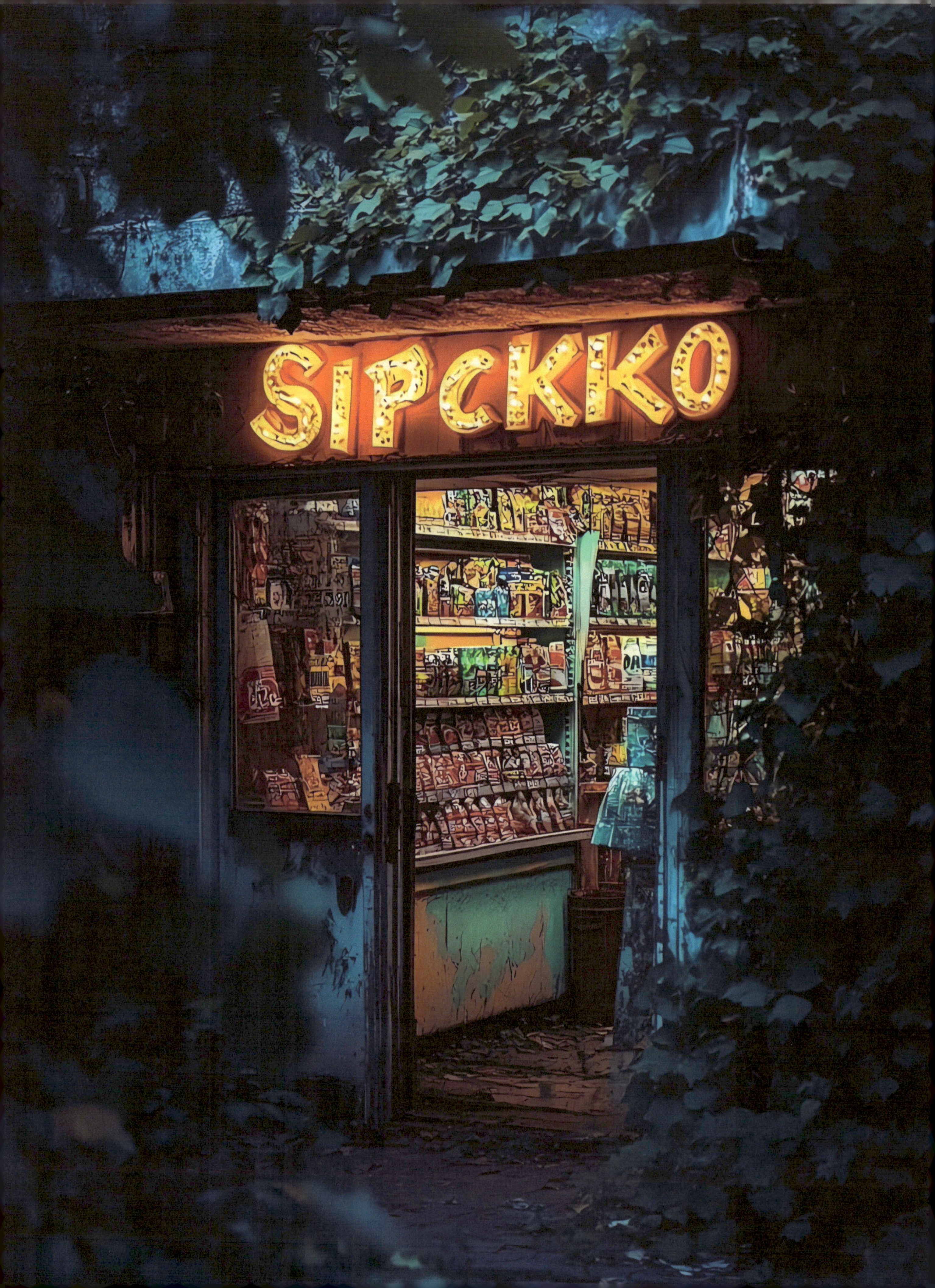
SIPCKKO

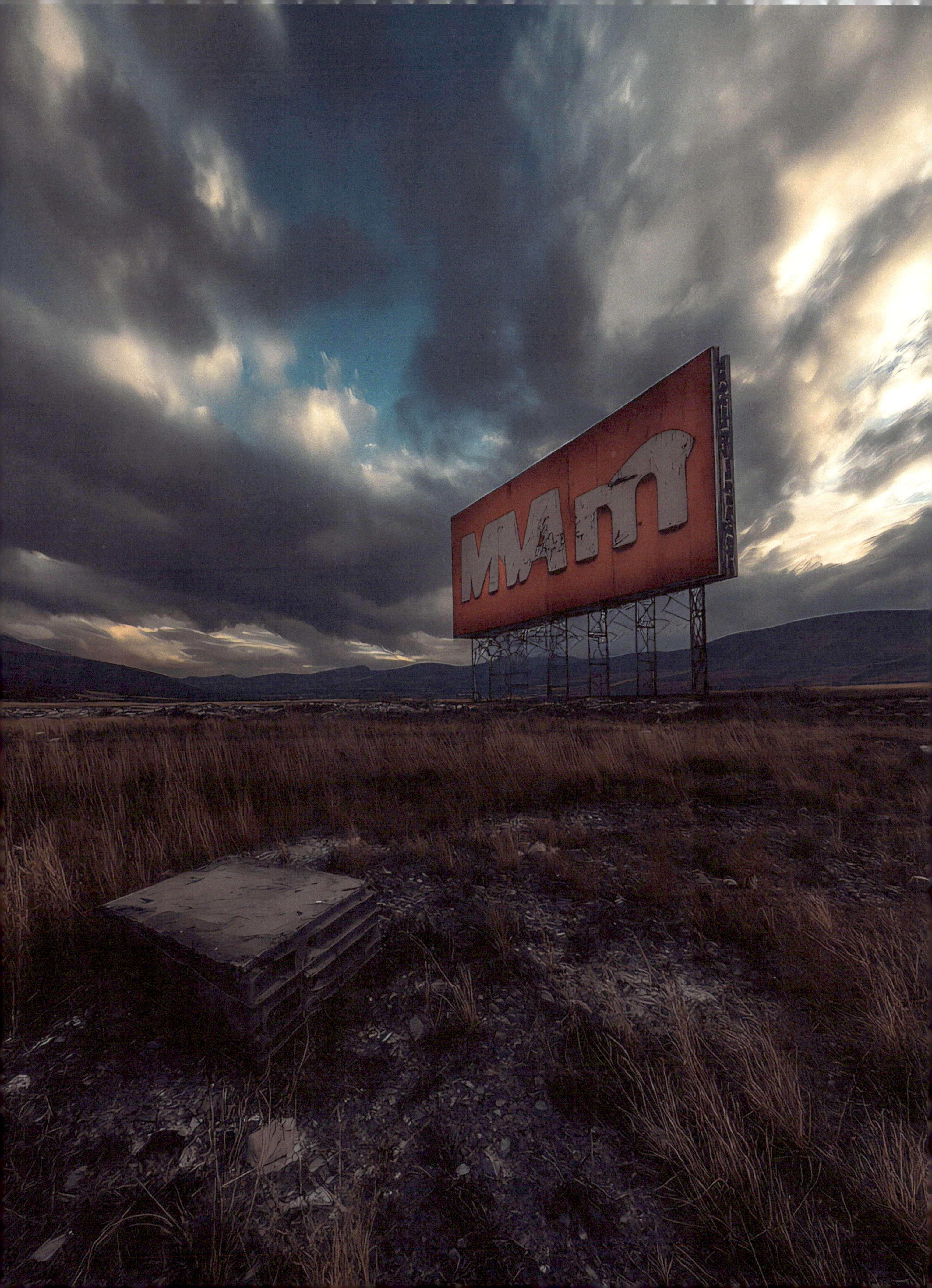

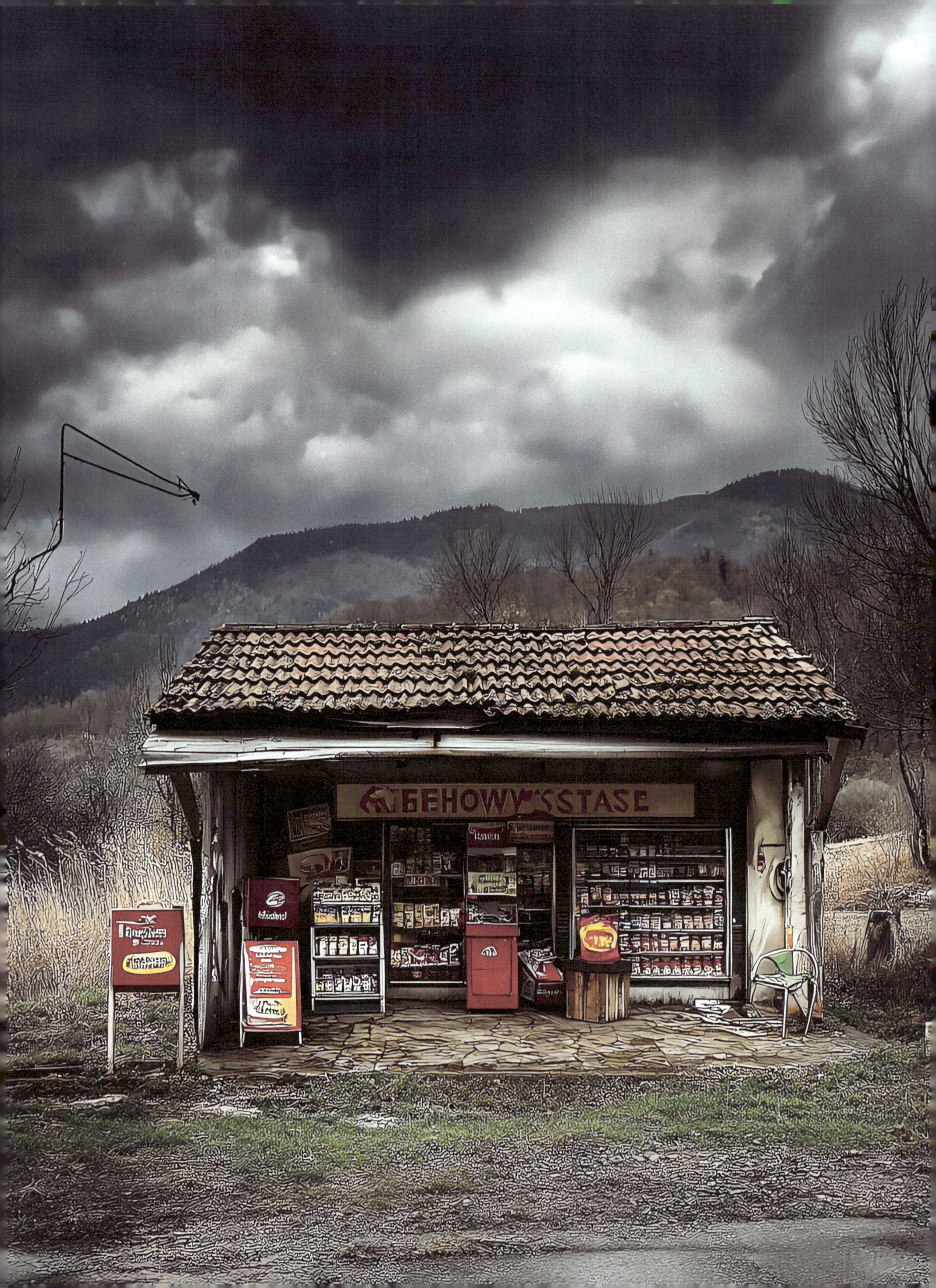
EFHOWY'SSTASE

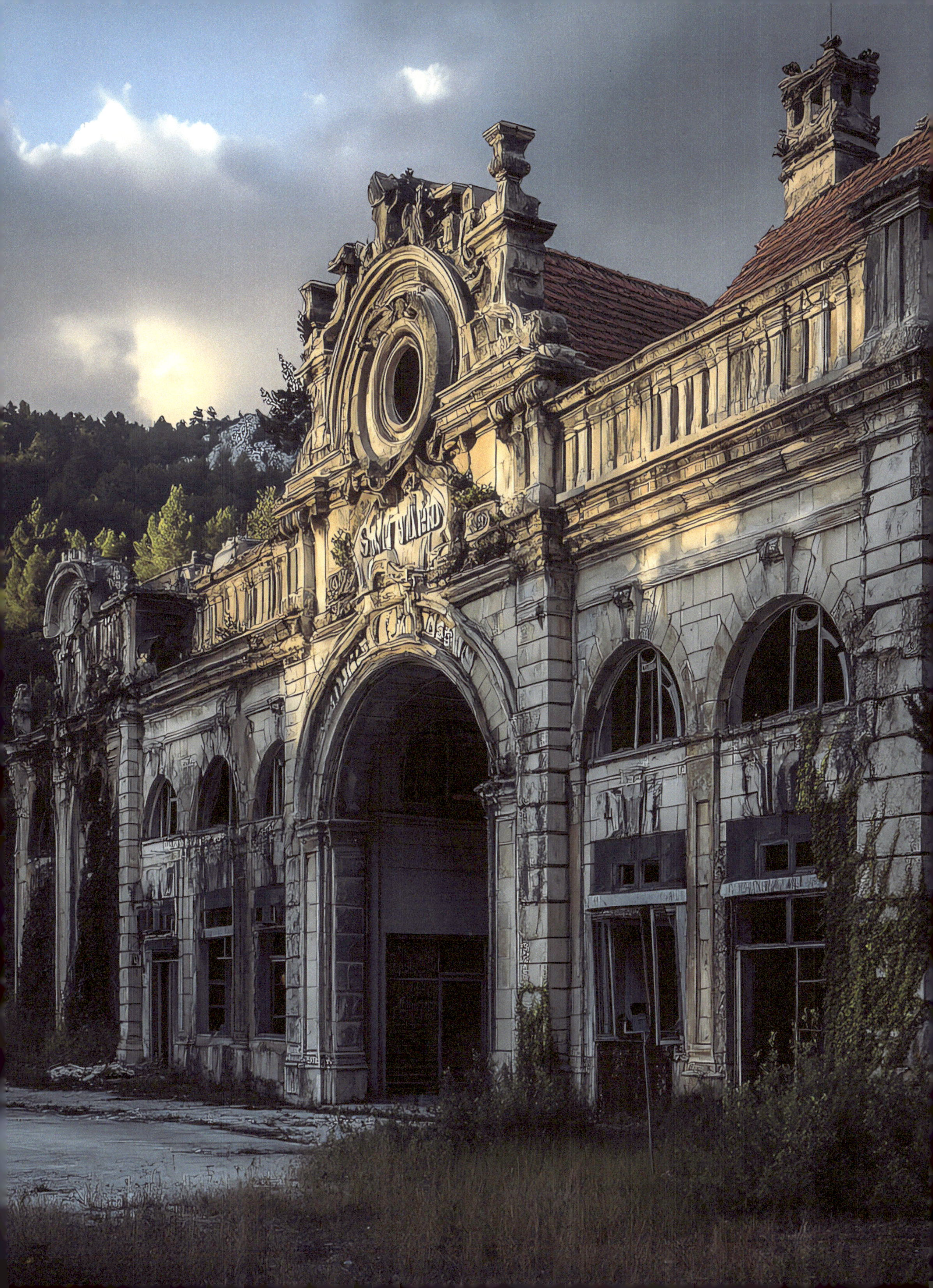

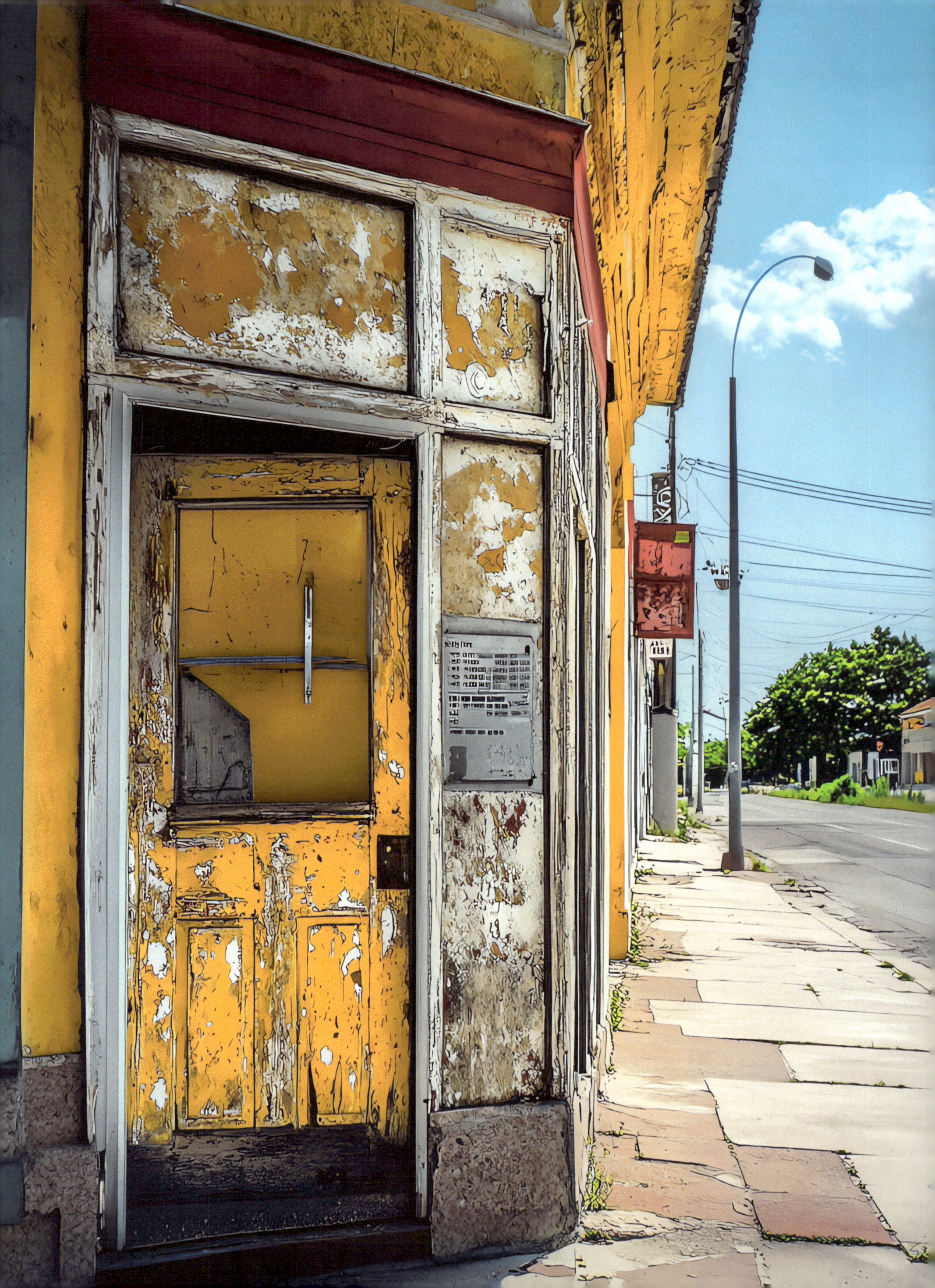

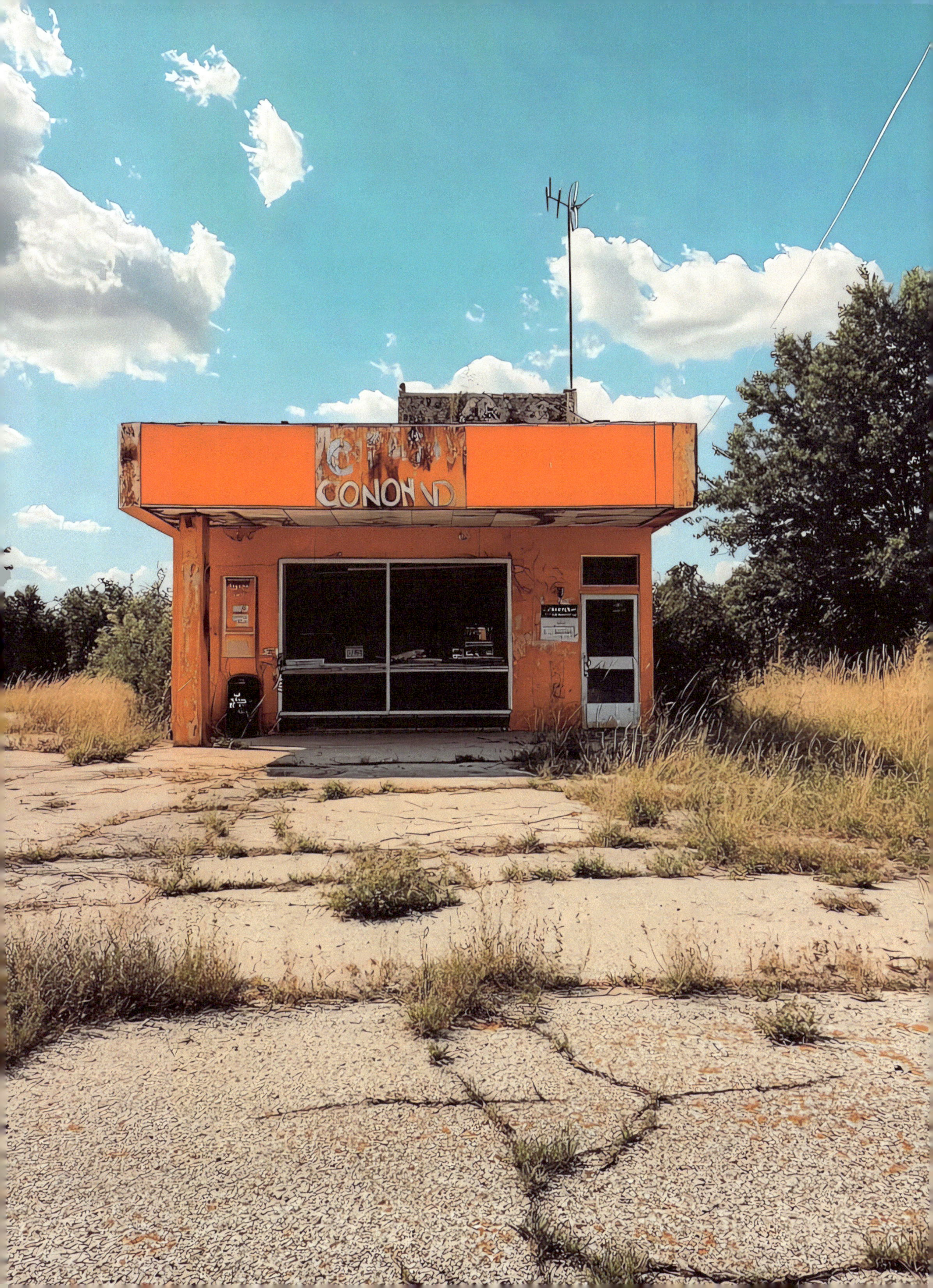

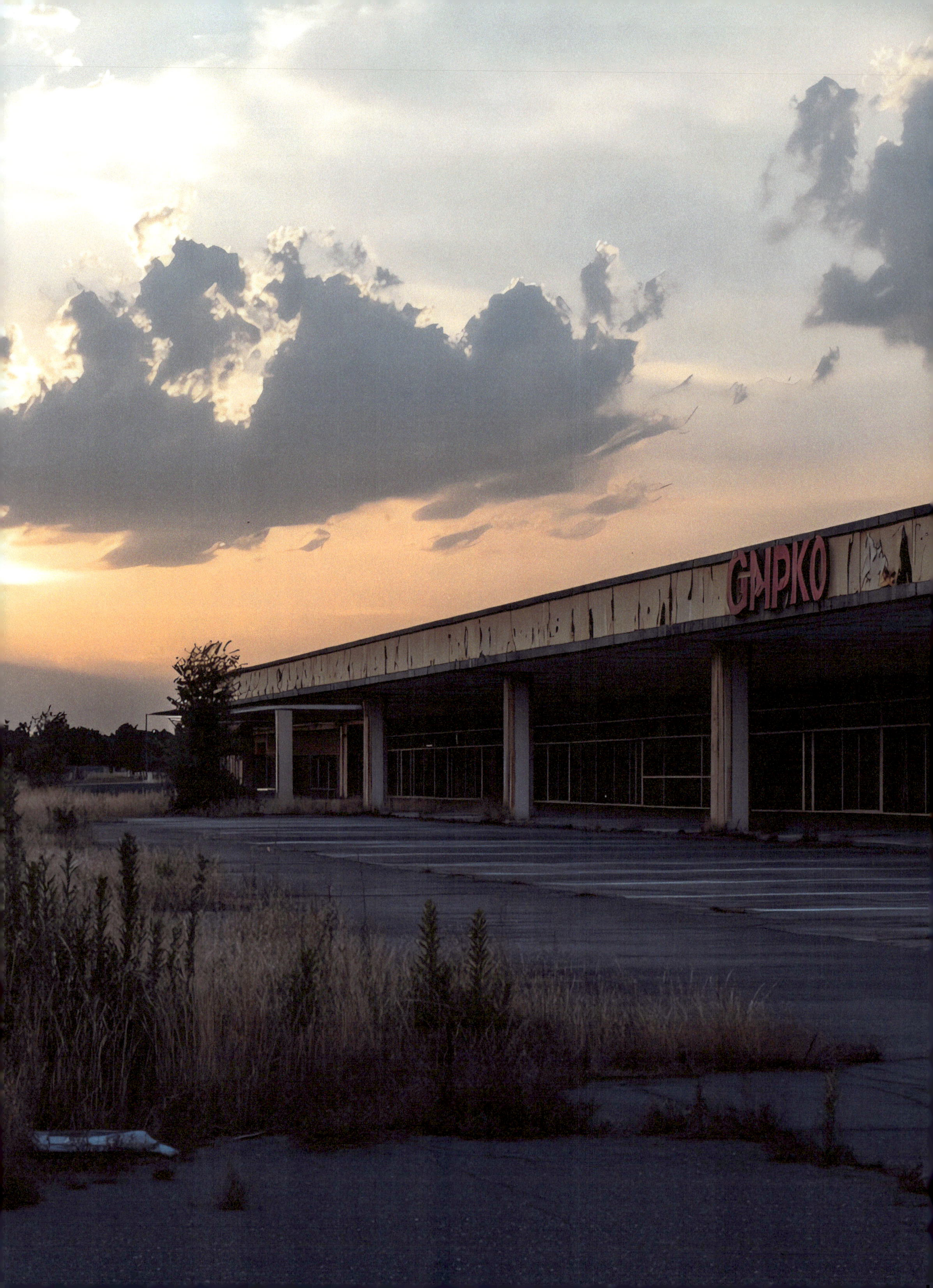

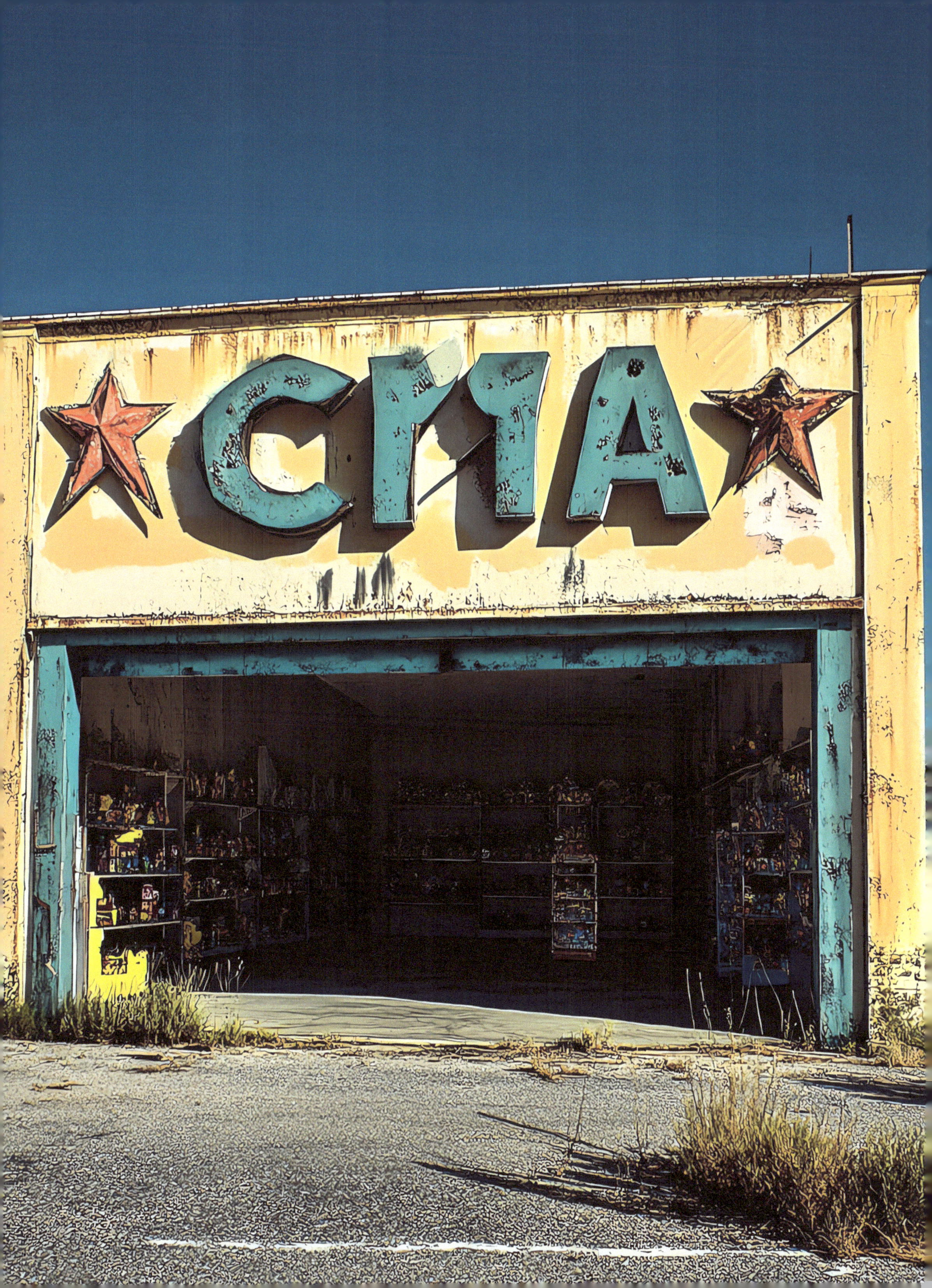

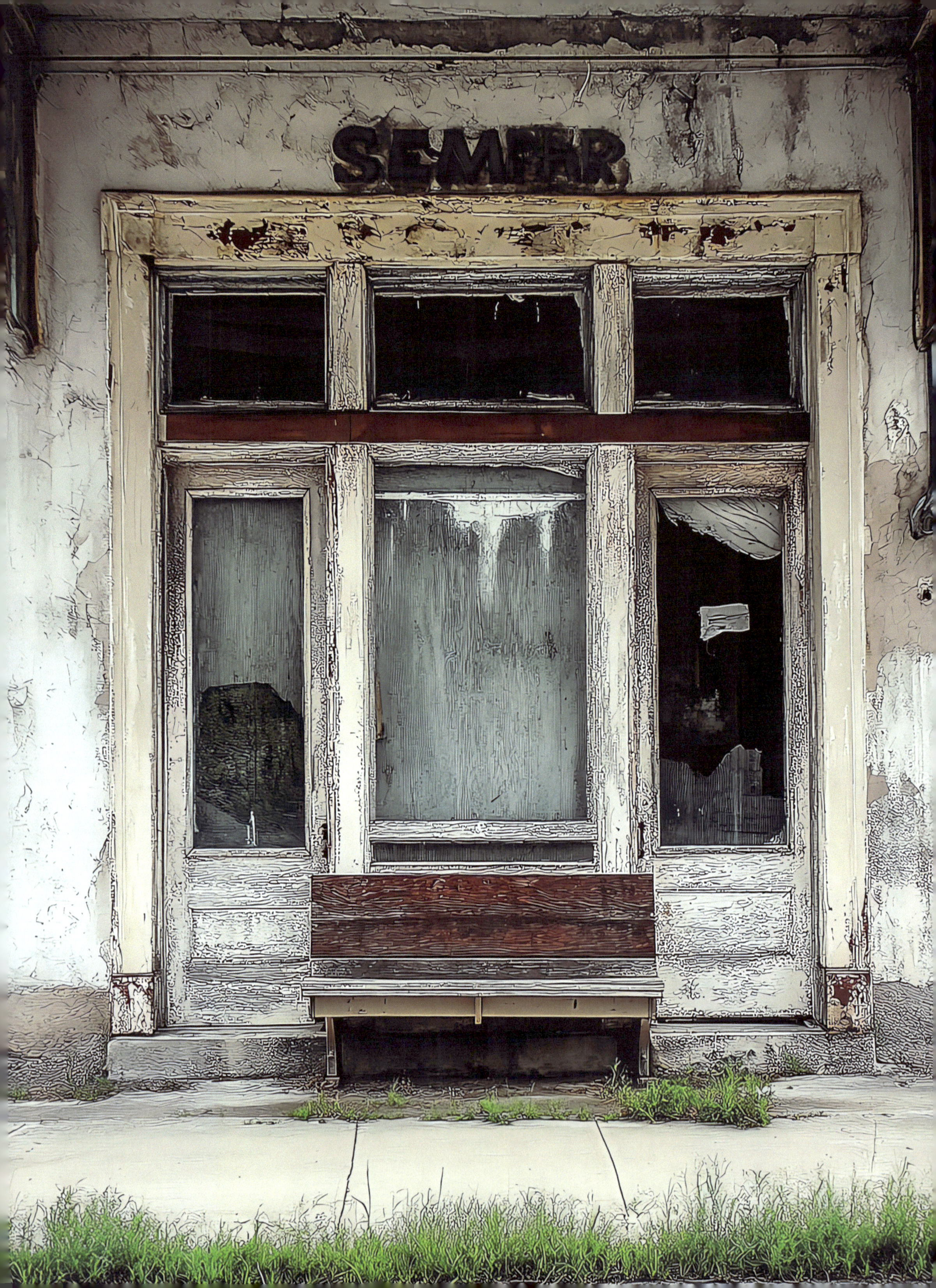

www.ingramcontent.com/pod-product-compliance
Lightning Source LLC
Chambersburg PA
CBHW040419220526
45473CB00004B/1296
9798303255906